JOSEPH SCHRIJVERS

A BOA VONTADE

3ª edição

Tradução
Henrique Elfes

QUADRANTE

São Paulo
2024

Título original
La bonne volonté

Copyright © 2010 Quadrante Editora

Capa
Provazi Design

Dados Internacionais de Catalogação na Publicação (CIP)

Schrijvers, Joseph, 1876-1945
A boa vontade / Joseph Schrijvers; tradução de Henrique Elfes — 3ª ed. — São Paulo: Quadrante, 2024.

ISBN: 978-85-7465-599-4

1. Vida cristã - Autores católicos 2. Vida espiritual - Autores católicos I. Título

CDD-248.4

Índice para catálogo sistemático:
Vida cristã : Prática religiosa : Cristianismo 248.4

Todos os direitos reservados a
QUADRANTE EDITORA
Rua Bernardo da Veiga, 47 - Tel.: 3873-2270
CEP 01252-020 - São Paulo - SP
www.quadrante.com.br / atendimento@quadrante.com.br

SUMÁRIO

A BOA VONTADE 5

A PERFEIÇÃO PELA ORAÇÃO.................... 27

A PERFEIÇÃO PELA AÇÃO 59

A PERFEIÇÃO PELO SOFRIMENTO 89

A ALMA DE BOA VONTADE CHEGADA
   À PERFEIÇÃO 109

A BOA VONTADE

A boa vontade em si mesma

Para viver a vida cristã em plenitude, a alma só tem necessidade de boa vontade. Guardá-la intacta e desenvolvê-la sem cessar, tal deve ser o fim constante e único da sua vida. «A boa vontade», dizia Santo Alberto Magno, «supre tudo, está acima de tudo»[1].

A boa vontade entrega o homem totalmente a Deus, por um ato muito simples de amor: abandona o passado à sua misericórdia; confia o futuro à sua bondade; e só conserva para si o presente para santificá-lo.

A boa vontade é uma orientação, em tudo, do homem para o seu Deus, uma

_____

(1) Santo Alberto Magno, *De adhaerendo Deo*, VI.

coordenação de todas as faculdades para Ele, uma restauração da harmonia entre a criatura e o Criador, um olhar amoroso e constante do filho para seu Pai celeste.

É uma resolução generosa da alma, de se consagrar à glória do divino Mestre e de procurar o bem do próximo na medida das suas forças.

É uma renúncia completa a tudo o que está em desacordo com a ordem divina, um sacrifício de todo o interesse próprio, um esquecimento por inteiro e uma despreocupação constante de si mesmo.

Essa boa vontade conserva-se a mesma tanto na aridez e penúria como na consolação e abundância, na tribulação e inquietação como na paz e tranquilidade, nos embaraços e multiplicidade de ocupações como na suavidade e gozos da oração.

O seu ato é um movimento simples do coração que se entrega por completo, disposto a tudo aceitar, a tudo sofrer, a partir do momento em que lhe é manifestado o beneplácito divino.

A boa vontade permanece sincera, não obstante as fraquezas e as inconstâncias da alma, as faltas veniais passageiras, as quedas ofensivas provocadas pelo amor próprio. A alma não se santifica em um dia. A vida inteira lhe é concedida com este fim. Depois de cada recaída, a vontade entrega--se com simplicidade a Deus, torna a abandonar-se humildemente ao Senhor, até que se ache fixada definitivamente nEle.

A boa vontade não depende da vivacidade da imaginação, da acuidade da inteligência, das qualidades naturais do coração, das vantagens da fortuna, da situação ou do nascimento. É um ato essencialmente espiritual da livre vontade, um movimento simples para Deus, um olhar amoroso para Ele. Está no poder de todo o homem que tem uma vontade livre e que é ajudado pela graça.

O cume da vida cristã é acessível a todas as almas. Para alcançá-lo, é suficiente amar a Deus e agir sempre por amor. Ora, quem não pode amar? O amor é a respiração da alma. Se ela quer, cada um dos seus movimentos atrai Deus e submerge-a nEle.

Este cume está ao alcance das almas mais simples e mais ignorantes. Deus não quereria que um coração sincero não pudesse encontrá-lo. Uma misteriosa atração inclina-o para as almas retas. Desde que descobre uma dessas almas, reserva-a para si e faz dela a sua morada de predileção. Conta assim com almas de elite em todas as condições, sobretudo na classe dos humildes e pequenos.

Essas almas puras têm sobre o Deus da infinita pureza um poder irresistível: prendem e obtêm dEle tudo o que desejam. Se para lhes agradar o Senhor tem que fazer milagres, não deixa de fazê-lo. Disse um dia a Santa Teresa de Ávila: «Se eu não tivesse instituído a Eucaristia, hoje a instituiria para ti». E procederia do mesmo modo com cada alma pura.

Deus não quis que o caminho que conduz à santidade fosse coberto de obstáculos e eriçado de dificuldades. Quanto mais uma coisa é necessária à vida natural do homem, mais essa mesma coisa lhe é dada em abundância. O que é mais necessário do que o ar que respiramos ou a terra que pisamos, mas também o que há de mais comum? O que há de mais indispensável do que a respiração, mas também o que há de mais fácil?

A vida da alma é bem mais importante do que a do corpo, e por isso Deus a torna inteiramente acessível. O ar que a nossa alma respira é a graça que nunca é negada a quem a pede; a terra que pisamos é a divina vontade, que não se esconde nunca sob os nossos passos; sua respiração é o ato de amor que brota espontaneamente da boa vontade.

Deus resumiu neste amor toda a perfeição. «Toda a nossa perfeição», diz Santo Afonso, «consiste no amor pelo nosso Deus infinitamente amável»[2]. É a caridade que une a alma à Santíssima Trindade, que para Ela orienta todas as faculdades do homem, com todos os seus atos, até o menor, até o último, e que comunica a todas as ações a sua grandeza, nobreza e mérito: *Acima de tudo, revesti-vos da caridade, que é o vínculo da perfeição* (Cl 3, 14).

---

(2) Santo Afonso Maria de Ligório, *Conformidade com a Vontade de Deus*.

Somos almas de boa vontade? Quem não quereria ser deste número? Pois então, escutemos a voz do Senhor, esqueçamos o nosso povo e a casa do nosso Pai (cf. Sl 44, 11), quer dizer, desapeguemos o coração das coisas da terra e sigamos Jesus Cristo.

Perguntemos-lhe humildemente: *«Mestre, onde moras?»* (Jo 1, 38-39). Ele responderá: *«Vinde e vede»*. Introduzir-nos-á na sua própria morada, no santuário do seu amor; admitir-nos-á ao conhecimento dos seus inefáveis segredos; e prender-nos-á por laços tão suaves e tão fortes que nos será impossível quebrá-los.

A boa vontade domina todas as criaturas

Ao entregar a Deus a sua vontade, a alma completou a sua parte no trabalho da santificação. Do resto, é Jesus que se encarrega.

O que não tem o direito de esperar a pessoa que se consagrou a este Mestre tão bom? Todo aquele que se abandona a Ele, dEle recebe tudo o que o céu e a terra encerram de bens e de alegrias verdadeiras.

Deus põe, em primeiro lugar, ao serviço da vontade, todas as criaturas e todos os acontecimentos. Desde o momento em que a alma se decidiu a amar a Deus, tudo concorre para o seu bem: *Para os que amam a Deus, todas as coisas concorrem para o bem* (Rm 8, 28).

Nas mãos de Deus, todas as criaturas são seres vivos e ativos. Todas foram feitas em vista das almas que querem santificar-se: *Tudo é vosso*, dizia o Apóstolo aos coríntios, *mas vós sois de Cristo e Cristo é de Deus* (1 Cor 3, 23).

A ação de Deus penetra todos os acontecimentos e faz com que sirvam aos seus adoráveis desígnios[3]; opera em toda a extensão dos séculos.

Desde a eternidade, Deus compraz-se em formar na inteligência humana o modelo segundo o qual a alma deve ser santificada. Edifica nela, para a sua glória, o

---

(3) Ibid., § 5.

templo da Jerusalém celeste, e cada eleito, como uma pedra preciosa, tem aí o seu lugar marcado de antemão.

Só Deus conhece esse lugar e, por conseguinte, a forma especial, a beleza particular que deve revestir cada alma. Ocupa-se continuamente em orná-la, embelezá-la e retratar nela a imagem do seu Filho. Com uma sabedoria infinita, orienta para este fim todos os acontecimentos, todas as inspirações, alegrias, tristezas, todos os pormenores, enfim, da existência.

Tudo isto foi previsto com uma precisão infinita e preparado pelo nosso Pai celeste como meio de elevar-nos à plena união com Ele. Quanta bondade não há neste modo de proceder divino! Deus, o Infinito, o Todo-Poderoso, o Ser eternamente feliz e independente, ocupa-se em cada momento, com uma delicadeza infinita, da nossa santidade e felicidade!

Como terna mãe, a sua Providência apresenta-nos um alimento divino que a sua Sabedoria preparou para cada um de nós. Não temos senão que aceitar, com amoroso reconhecimento, o dom de Deus e conformar-nos com ele. Amemos, pois, o nosso Deus, amemo-lo em todas as coisas, em todos os acontecimentos. Não temos outra função a exercer aqui na terra.

Se as almas pudessem compreender até que ponto o divino Mestre lhes simplificou a tarefa! Pede-nos apenas amor. Por que alguns complicam tanto a vida espiritual? Estamos feitos para amar.

Deixemos ao nosso Pai do céu o cuidado de tudo prever e de tudo dispor para o nosso bem. Só nos compete agradar a Deus pela simplicidade do nosso amor. Ele não quer de nós nem preocupação, nem inquietação; é suficientemente sábio e bom para nos proporcionar tudo aquilo de que temos necessidade. Só tem sede do nosso coração.

Respondamos a cada nova prova da sua ternura paternal com um ato ardente de amor: é uma flecha em chamas que trespassará o seu Coração. Amemos, amemos: é o nosso doce destino tanto aqui na terra como no céu. Nada nos embarace, nada nos prenda ou nos preocupe: nem sofrimentos, nem contrariedades, tentações, previsões sombrias do futuro, perplexidades no presente, queixas do passado. Em tudo isto podemos amar o nosso Deus e, se o amarmos, Ele encarrega-se de tudo, cuida de tudo.

Quem dará às almas esta simplicidade de pomba, este único olhar que prende e força Deus a inclinar-se para elas? Por que razão quase todas gastam as suas forças a procurar a santidade onde não existe e se esquecem de descer ao seu próprio coração, onde Deus habita? «Tarde vos amei», dizia Santo Agostinho, «Beleza tão antiga e tão nova, tarde vos amei! Vós estáveis dentro de mim, e eu estava fora; era fora de mim que vos procurava, e no meu erro lançava-me vorazmente sobre a beleza das vossas criaturas»[4].

Meu Deus, não vos procurarei mais fora de mim. Cada criatura e cada acontecimento vos conduzem à minha alma. Eu me abismarei em Vós a cada instante por um olhar muito simples e muito ardente. Nutrir-me-ei de Vós, e que abundância não encontrarei!... Não irei mais beber a santidade em fontes

---

(4) Santo Agostinho, *Confissões*, X, 17.

secas, em cisternas vazias (cf. Jr 2, 13). Vós me mergulhais sem cessar no oceano da vossa divina Vontade: eu me saciarei nele e nunca mais terei sede.

A boa vontade possui todos os tesouros de Deus

O coração que quer amar a Deus é rico: todas as criaturas estão ao seu serviço. Este, porém, é o menor dos dons de Deus. Ele mesmo quer pôr-se ao serviço da alma, e isto de maneira inefável.

Para nutrir a boa vontade, Jesus Cristo instituiu a Sagrada Eucaristia. O que vem a ser este divino sacramento? É o amor que se faz alimento, a fim de poder introduzir-se no objeto amado. Há de admirar-nos esta maravilha? Não, porque para o Deus-Caridade é uma coisa naturalíssima.

Se Ele quis fazer-nos seus filhos, devemos ser sustentados por um alimento celeste. O nosso ser é divino: não se sustém senão por um alimento divino. Jesus é o chefe do Corpo Místico do qual somos os membros (cf. Ef 1, 22-23): não devem estes membros viver da mesma substância que a Cabeça? Somos os ramos da vide (cf. Jo 15, 5), e Ele é a cepa: não deve a seiva passar do tronco para os ramos e comunicar-lhes a vida e a fecundidade?

Não me admira o dom da Sagrada Eucaristia: «A paixão do amor é uma mútua inabitação dos amantes», diz São Tomás[5]. O amor prepara este celeste festim. Que deseja senão entrar no seu objeto, abraçá--lo, unir-se a ele? E quem ama mais terna e mais fortemente do que Deus?

«O amor não se contenta com um conhecimento superficial»[6]: quer penetrar até o intimo do ser, quer identificar-se com ele. Eis aí, Jesus, por que vos fazeis nosso alimento! Quereis uma posse íntima, recíproca, irrevogável; quereis habitar inteiramente no nosso ser e fazer-nos viver igualmente em Vós. O vosso desejo mais profundo, mais insaciável, é tornar-vos uma mesma

---

(5) São Tomás de Aquino, *Suma teológica*, 1-2, q. 28, a. 2.

(6) Ibid.

coisa conosco ou, antes, transformar-nos, consumir-nos em Vós: «Fazer dos dois uma só coisa»[7].

Para realizar esta maravilha, não há humilhação em que Deus não consinta. O amor fá-lo sair de algum modo do seu ser infinitamente grande para encontrar o nosso nada e identificar-se conosco, porque o amor é *extático*, «sai de si» mesmo por natureza[8]. Deixemos, pois, que Jesus nos invada e assim sacie a sua sede de união.

Por nossa vez, porém, saiamos de nós mesmos à força de amar. Preparemo-nos. Mas que outra preparação se pode fazer para receber o Amor-Alimento senão desejar e amar? Façamos ardentes atos de amor, atos simples e sem afetação, porque devemos ser muito simples com Deus! E, quando o tivermos recebido no nosso coração, como Maria de Betânia em sua casa, sentemo-nos aos seus pés e olhemo-lo com amor. Este único olhar encanta-o.

---

(7) Ibid., a. 1, ad 2.

(8) Ibid., a. 3.

As almas não sabem bem como receber Jesus. Mostram-se agitadas como Marta, imaginam que é necessário preparar para o Mestre uma refeição esplêndida, composta de pensamentos e de belos sentimentos. Mas Jesus não faz caso de todos esses preparativos. Uma só coisa lhe agrada: o dom do coração entregue em cada instante por um olhar de amor. Façamos silêncio em nossa alma. Compete ao Senhor dos céus falar, e a nós compete-nos escutar com humilde e amorosa atenção.

As pessoas queixam-se frequentemente de serem frias ao receber Cristo diariamente, e sofrem com essa indiferença. Mas por acaso esse sofrimento não é a melhor prova de que pertencem por completo a Ele? Sofrer com a própria impotência não é senão uma modalidade do amor. Os corações indiferentes não se queixam de não amar.

Aliás, se Jesus vem à alma, é para nutrir nela a *boa vontade*, e isso não depende necessariamente de que o recebamos com sentimentos ardentes. Se não os experimentamos, lembremo-nos de que o nosso amor por Ele se faz mais puro e generoso, porque, se não gozamos dEle sentimentalmente, Ele, sim, alegra-se de ser uma só coisa conosco: somos nós que lhe damos esse amor sem consolo, e, como diz a Escritura, *é melhor dar do que receber* (At 20, 35), sobretudo quando é Deus quem se torna nosso devedor.

Mas ainda nos falta alguma coisa para acolhermos bem o Senhor: falta-nos um *banho* que nos purifique das nossas manchas e permita uma união plena.

Ora, Jesus também providenciou esse banho. No Sacramento da Penitência, Ele *lava-nos dos nossos pecados no seu próprio Sangue* (Ap 1, 5). Banho salutar, banho necessário, porque todos os homens são pecadores e as almas boas têm também fraquezas que deplorar.

Sem este divino sacramento, teríamos muito a lastimar, porque uma alma de boa vontade deve ter o coração inteiramente puro. Entre ela e Deus não pode haver outro intermediário senão o ato do divino amor. Nenhuma criatura há de colocar-se entre Jesus e a alma, porque o Mestre é cioso da pureza da alma que quer toda para si. Elevou-a à dignidade de rainha, associou-a à sua vida, aos seus desígnios e à sua obra; é preciso, pois, que ela lhe pertença de modo exclusivo.

O nosso coração pertence a Deus; não pode ser escravo de criatura alguma. Está destinado a viver em sociedade com o Filho de Deus: *Fiel é Deus, por quem fostes chamados à comunhão com o seu Filho Jesus Cristo, nosso Senhor* (1 Cor 1, 9),

Deixemo-nos cativar por este grande Deus; deixemo-nos conduzir até Ele, até o seu amor infinito. Como é miserável o coração que está preso, mesmo que seja por um único fio, a um objeto criado! Para essa alma, não pode haver paz, nem felicidade, nem inclinação para o bem. Arrasta-se em vez de voar. Não se elevará nunca para Deus, não conhecerá nunca a doce intimidade reservada às almas puras.

Por que certas almas chamadas ao amor não compreendem isto? Por que não dizem adeus às afeições da terra, elas que poderiam ter o Rei por Amigo (cf. Pr 22, 11)? Não sabem que todo o progresso na vida cristã se paralisa quando o coração ou o espírito se desviam deliberadamente para uma criatura qualquer e se deixam cair em fraquezas culposas, mesmo que sejam leves?

Mas que a alma assim arrastada não perca a confiança. Se quer emendar-se e procurar a Deus com coração sincero, há de achá-lo. Purifique-se no sangue do Cordeiro e ver-se-á de novo revestida de inocência e beleza.

Para sustentar a nossa boa vontade e desenvolvê-la sem cessar, para reerguê-la nas fraquezas e curá-la das suas misérias, Deus deu-nos o seu próprio Filho; e, diz São Paulo, *como não nos dará também com Ele todas as coisas?* (Rm 8, 32).

Com efeito, em Jesus podemos obter todas as *graças atuais* de que necessitamos para fazer um ato de amor. Se alguém duvidar disso, pense que a nossa boa vontade tem necessidade de incessantes socorros atuais, não só para as coisas temporais (cf. Mt 6, 25-34), como, por maioria de razão, para as coisas espirituais. Poderemos fazer a Deus a injúria de achar que a sua bondade é menos generosa quando está em jogo a nossa vida sobrenatural do que quando periga a corporal? Deus estará menos pronto a ajudar o seu filho quando este lhe pede maior amor por Ele do que quando lhe solicita um benefício temporal?

> *«Se um filho pedir um pão, qual o pai entre vós que lhe dará uma pedra? Se pedir um peixe, porventura lhe dará uma serpente? Ou se lhe pedir um ovo, dar-lhe-á por acaso um escorpião?*
>
> *«Se vós, pois, sendo maus, sabeis dar boas coisas aos vossos filhos, quanto mais vosso Pai celestial dará o Espírito Santo aos que lho pedirem!»* (Lc 11, 11-13).

Deus nada pode recusar à alma que pede. Assim o disse vinte vezes no seu Evangelho. Ora, quem mais e melhor pede do que a alma de boa vontade? Todo o seu ser está em movimento para suplicar a Deus o seu auxílio.

O que é, afinal, uma alma de boa vontade? É uma alma que só aspira a Deus, que sofre por não poder amá-lo bastante, que geme nessa impotência, que enlanguesce no desejo de possuí-lo melhor, de estreitá-lo mais fortemente. Ora, essa aspiração, esse gemido, esse doloroso desejo, é uma prece de um poder irresistível.

A alma de boa vontade é um coração simples, puro, reto, e o nosso Deus — Ele assim o quis — não sabe resistir ao apelo, ao menor sinal de aflição de semelhantes almas. Deus espreita-lhes a preparação do coração para poder atendê-las: *Senhor, ouvistes os desejos dos humildes, confortastes o seu coração e os atendestes* (Sl 9, 38).

Como são infinitamente ricas as almas de boa vontade! Para elas, todos os tesouros estão encerrados na alma de Cristo. Não há distância entre o Mestre e elas: o amor suprimiu-a. O que Ele possui é delas: podem usufruir desse tesouro quanto quiserem. Somos os filhos do Rei dos reis, estamos sentados à sua mesa, somos seus herdeiros. Vivamos de maneira a honrá-lo.

Jesus é nosso irmão (cf. Hb 2, 11). Por Ele estamos na Santíssima Trindade e aí estamos no nosso lugar. Somos filhos queridos do nosso Pai celeste e da Imaculada Virgem, nossa Mãe amada: que nos pode faltar? Passemos, pois, o nosso tempo amando a Deus. De que nos podemos ocupar no seio das três Pessoas, senão de amar? *Deus é caridade* (1 Jo 4, 8). A sua essência é o amor, a sua ocupação eterna o amor; por que não há de ser essa também a ocupação dos seus filhos?

Amemos a Deus. Nada pode impedir-nos de amá-lo sempre, em todas as ocupações, em todos os nossos fracassos. Amar é o ato da boa vontade. Este ato faz-se com simplicidade e renova-se sem esforço; não exclui o sensível, a doçura, a consolação, mas não tem necessidade dessas coisas. Eleva-se diretamente para Deus, como um dardo inflamado. Estabelece assim com Deus uma união ininterrupta.

Podia parecer-nos que, para conservar toda a pureza da nossa boa vontade e assegurar-lhe toda a energia, Jesus não podia multiplicar ainda mais as suas ajudas e precauções. Mas, depois de se ter dado Ele próprio em alimento à nossa alma; de haver feito do seu Sangue um banho salutar onde ela pode retemperar as suas forças; depois de ter posto à sua disposição todos os tesouros do céu e todas as criaturas da terra, quis condensar de algum modo todos os seus benefícios em um só — e fez-nos o dom da sua própria Mãe.

Encarregou-a de prover a todas as nossas necessidades, de satisfazer os nossos desejos, de prever e afastar os perigos, em resumo, de velar sobre nós com o seu coração de Mãe. Confiou-lhe o cuidado de se interpor entre Ele e a nossa alma no dia das nossas fraquezas, de nos reanimar pela confiança depois das nossas faltas, e de estimular a nossa coragem nas horas de desânimo.

Como esta Mãe bendita é boa para conosco! Quantas vezes salvou do naufrágio a nossa vida espiritual! Sob a sua proteção, nada temos a temer. Ela é a Imaculada, quer dizer, a inimiga pessoal de Satanás: esmagou a serpente infernal em si própria, esmaga-a sem cessar na Igreja e está encarregada por Deus de esmagá-la no coração de cada eleito. E a luta contra a serpente não terminou; prossegue até o fim dos tempos. Cada vitória da Imaculada conseguida sobre Satanás na alma dos seus filhos é para Ela uma vitória pessoal sobre o espírito imundo.

Sejamos ciosos da honra da nossa Mãe. Não permitamos que o demônio, infligindo-nos uma derrota, possa gloriar-se de ter triunfado daquela que é a nossa Rainha. Confiemos a esta Virgem imaculada a guarda da nossa boa vontade; Ela nos ensinará a arte de santificar-nos por meio de um simples ato de amor, da orientação afetuosa e constante da nossa alma para o nosso divino Pai.

A PERFEIÇÃO PELA ORAÇÃO

Como vimos, boa vontade é aquela que quer tender em tudo para Deus, seu verdadeiro objeto. E esse tender só se faz por um ato: o amor. Amar a Deus e fazer durar este amor por toda a vida é o resumo de toda a perfeição.

Para realizar este ideal, a alma tem uma tríplice obrigação a cumprir:

— O seu primeiro cuidado deve ser unir a Deus a sua vontade por meio do amor, que é o ato próprio desta faculdade. Este esforço incessante reside essencialmente na *oração*.

— Unida a Deus pelo amor, a vontade orienta para ele todas as faculdades sobre as quais exerce o seu império, com todos os seus atos e movimentos. Este trabalho da alma chama-se *ação*.

— O homem, porém, não deve somente atuar. No trabalho da oração e no da ação, encontra dificuldades que lhe podem tolher os passos para a perfeição, isto é, encontra *sofrimento*. Longe de suspender ou reduzir a sua caminhada por essa causa, a alma que ama vence os obstáculos atira-se com mais ardor à procura do seu Deus.

Amar *contemplando*, *trabalhando* e *sofrendo*, eis o segredo da alma de boa vontade. Cada voo eleva-a mais alto na sua ascensão para Deus, transporta-a para mais longe na sua imensidade, aproxima-a do foco da luz.

As páginas que se seguem têm por fim explicar a maneira de amar assim a Deus, em tudo e sempre: na oração, na ação e no sofrimento.

A simples presença de Deus

Comecemos pela oração.

O que é a oração? É o movimento de um coração amante para o seu Deus. Esta oração pode revestir-se de uma forma mais geral e de uma forma mais precisa.

A forma geral consiste em voltar-se para Deus por um olhar simples e amoroso. A alma de boa vontade está apta para esta oração? Certamente que sim, porque não é outra coisa senão inclinar o espírito para o objeto amado.

O coração reto que se deu por completo a Deus tende instintivamente para o seu centro. Faz oração quase sem o notar, por um simples movimento para o seu Senhor bem-amado. Um filho que ama o seu pai e a sua mãe gosta de viver com eles no seio da família. Une-se de coração aos seus pais, associa-se às suas alegrias e tristezas, volta-se sem cessar para eles, tanto nos trabalhos como nos sofrimentos.

Como se faz, então, esta oração de simples presença de Deus? Por um olhar amoroso para Ele. Este olhar é um ato da inteligência e da vontade. Estas duas faculdades combinam-se tão bem e unem-se tão estreitamente, que parecem fundir-se em uma só. A inteligência considera a Deus presente e a vontade dirige-se afetuosamente para Ele.

É um olhar muito simples: exclui o raciocínio, a reflexão e o estudo. É muito espiritual: os sentidos e a imaginação não têm nele parte alguma. Pode ser acompanhado pelo sentimento, mas isso não aumenta nem diminui em nada o seu valor. Faz-se sem esforço de memória, sem nenhum constrangimento. É um olhar afetuoso que entrega por completo a alma a Deus.

A alma pode assim comungar com Deus o dia inteiro. Ao despertar, o seu primeiro ato é um olhar amoroso para Ele. E depois esforça-se calmamente por continuá-lo, repetindo-o algumas vezes mais explicitamente. Desse modo, as refeições e os momentos de descanso não interrompem esse doce intercâmbio da alma com Deus. Assim ela fica exposta aos olhares do Mestre durante o dia todo. Recebe a cada momento os raios benfazejos do sol divino e acumula tesouros de amor.

Sem dúvida, as ocupações virão distraí-la de Deus: qualquer trabalho bem feito é absorvente. Mas a alma de boa vontade não desanima. Entrega-se às suas ocupações com toda a liberdade de espírito e se, para cumprir conscienciosamente o seu dever, deve perder Deus de vista com frequência, sabe que o Mestre a compensará mais tarde: esperará que ela esteja mais livre e mais desimpedida para se apossar dela com mais amor.

Por isso, as distrações a que a alma se vê sujeita já não a perturbam: são inerentes à natureza humana. A inteligência nem sempre obedece à alma; a imaginação, muito menos. O corpo pertence à terra: é de admirar que se incline sem cessar para a terra? Não se trata, pois, de querer o impossível. O que importa é que a vontade não se afaste de Deus, e não é verdade que ela pertence por completo ao homem?

Assim, nada é obstáculo para a alma bem disposta. Em tudo encontra o seu Deus, em tudo o abraça. Não se ata a nenhuma forma especial de presença de Deus. Encontra-o na contemplação da natureza; sabe que a sua imensidade enche o universo. Gosta de penetrar no seu próprio interior e viver aí no seio das três Pessoas divinas. Expande a sua alma na de Jesus — seu prisioneiro de amor no santo Tabernáculo — e na de sua Mãe Maria, ao lado de quem passa horas felizes.

Como não havia essa alma de procurar o seu Deus? Sente-se envolvida pelo seu olhar paternal. Esse Deus invade-a e empenha-se em conduzi-la e rodeá-la. Está em toda a parte, real e verdadeiramente, como está no céu. Poderá custar-nos amá-lo, abraçá-lo pela nossa ardente afeição, prendê-lo pela pureza do nosso olhar? Entreguemo-nos a Ele como aos nossos pais; deixemo-nos invadir pela sua divina caridade, mergulhemos nEle como num oceano de luz.

Ele próprio nos conduz pelo atrativo dos seus dons, que sempre adapta às nossas necessidades. Num certo momento da nossa vida espiritual, faz-nos encontrar alegrias na contemplação da natureza; em outro, atrai-nos vivamente para o seu Tabernáculo. Ora nos faz descobri-lo no nosso próprio interior, ora se manifesta pelas nossas obras. Hoje, cativa-nos por meio da amável humanidade de Nosso Senhor Jesus Cristo; amanhã esclarece-nos por uma viva luz sobre a Santíssima Trindade. Se Jesus for o objeto principal da nossa piedade, sentir-nos-emos atraídos para Ele, quer no mistério da sua Paixão ou da sua Eucaristia, quer na sua própria Pessoa, no seu sagrado Coração, no seu caráter de Cabeça do Corpo Místico, ou na sua qualidade de Esposo, de Irmão da nossa alma.

Deixemos a Deus o cuidado de variar os seus atrativos e aceitemos tudo das suas mãos. Não lhe prescrevamos nenhuma forma nem método. Não é Ele o nosso Pai muito amado? Não sabe o que mais convém aos seus filhos?

As almas ocupam-se demasiado com o exterior da piedade, com a aparência da vida espiritual, quando o seu dever é somente amar a Deus, voltar-se sincera e constantemente para Ele e cumprir a sua divina vontade. «Que é a perfeição — dizia Santo Afonso Maria de Ligório e, antes dele, Santa Teresa —, que é a perfeição senão a união da nossa vontade com a vontade de Deus?»[1]

Esta oração de simples presença de Deus é, pois, muito fácil; consiste na inclinação que um coração amante experimenta pelo seu bom Mestre. A alma entrega-se por completo, e assim a cada instante atinge a perfeição.

Este simples olhar para Deus é, pois, um ato perfeitíssimo de caridade.

É também um ato de confiança heroica, pois a alma esquece-se de si própria e lança-se confiadamente em Deus.

É ainda um ato de fé muito intenso, porque significa que a alma crê na infinita bondade, no inefável amor de um Deus por ela.

É igualmente um ato de abnegação total, pois a alma renuncia a qualquer ideia própria, à procura de si mesma, a qualquer satisfação que Deus reprove, a qualquer inquietação.

E é um ato de abandono perfeito, porque entrega a alma sem a menor reserva a todos

---

(1) Santo Afonso Maria de Ligório, *Conformidade com a Vontade de Deus*, § 1.

os desígnios de Deus sobre ela, a todas as operações que lhe agrade fazer nela.

«Este ato de abandono — diz Bossuet[2] — entrega o homem por completo a Deus: a sua alma, o seu corpo, todos os seus pensamentos, sentimentos, desejos, todos os seus membros, todos os seus nervos, até às menores fibras, todos os seus ossos até à medula, todas as suas entranhas, todo o interior e o exterior. Tudo vos está entregue, ó Senhor, fazei o que quiserdes».

Quanta perfeição se realiza a cada instante pela fidelidade em andar na divina presença! Como a santidade é coisa simples quando não a complicamos pelas nossas ideias pessoais! Basta que nos voltemos simplesmente para Deus — como um filho se volta para o seu pai —, por um olhar afetuoso que entrega a alma sem reservas, que a faz consumir-se nAquele que é o seu princípio e o seu fim.

---

(2) Jacques-Bénigne Bossuet, *Sermão sobre o ato de abandono à divina Providência*.

A oração ordinária

A alma não se contenta com cultivar assim, durante todas as ações do dia, esta singela presença de Deus. Aspira a maior intimidade. Em certos momentos, tem necessidade de mais solidão e mais silêncio. Aliás, o próprio Mestre a convida a vir de tempos em tempos repousar junto dEle. Também Ele tem necessidade de entreter-se mais intimamente com ela.

Trata-se daqueles momentos que toda a alma de boa vontade deve consagrar à oração propriamente dita. E que oração é esta?

Enquanto distinta da presença geral de Deus, pode revestir-se de três formas distintas. À primeira dá-se o nome de *oração ordinária*, porque se pode fazê-la com o auxílio da graça comum. À última chama-se *oração extraordinária* ou *passiva,* porque não se pode praticá-la sem a ajuda de uma graça especial de Deus; aqui, não é a alma que procura a suave união com Deus, mas recebe-a do Senhor. Entre estas duas espécies de oração, há uma *transição* durante a

36

qual a alma está, ora na oração ordinária, ora na oração extraordinária[3]. Este estado intermédio é acompanhado geralmente de certas provações destinadas a purificar a alma de boa vontade.

A oração *ordinária* é, essencialmente, uma união afetuosa da vontade com Deus. Não é necessário que seja diferente do simples exercício da presença de Deus; é o mesmo voltar-se de um coração amante para o seu Pai muito amado, mas efetuado de maneira mais elevada e mais intensa.

É uma conversa cordial da alma com o divino Mestre, acompanhada de um passar os olhos pelas ações que deve santificar. Quanto mais simples for esse colóquio, mais agradará a Deus; quanto mais afetuoso e constante for esse olhar, mais a oração será verdadeira e eficaz. Que a alma, pois, não se preocupe com quaisquer espécies de métodos e práticas, a menos que tenha reconhecido por si mesma a sua utilidade.

---

(3) Santo Afonso, *Homo apostolicus*, t. III, I, 8; São João da Cruz, *Noite escura*, 1, XVIII-XIX; *Subida do monte Carmelo*, II, XIV-XV.

Um filho não tem nenhum método para amar o seu pai e a sua mãe; ama-os, e basta; diz-lhes que os ama; comunica-lhes as suas necessidades com confiança, faz o que lhe ordenam e de vez em quando abraça-os com carinho.

Fazer oração não é outra coisa senão amar, e nada é mais fácil para uma alma bem disposta. Deus só pede das suas criaturas racionais um amor ardente, que envolva toda a sua existência: *«Amarás o Senhor teu Deus de todo o teu coração, de toda a tua alma e de todo o teu pensamento»* (Mt 22, 37). Por acaso seria razoável que Ele tornasse difícil a execução deste mandamento grande e universal? Todas as almas podem, pois, fazer oração sem necessidade de esforços desproporcionados.

Que se deve fazer durante o tempo destinado à oração? Antes de mais nada, fixar o olhar amorosamente em Deus por um ato muito simples, e em seguida manter-se nessa divina presença, fazendo de tempos em tempos atos simples de amor a Deus. Estes atos podem tomar qualquer forma, segundo a inclinação particular de cada um.

Umas vezes, serão pronunciados explicitamente; outras, nascerão — sem palavras — como pura expressão da vontade, sem nenhuma mistura do sensível. O seu objeto pode variar conforme cada alma preferir. Podem-se fazer atos de complacência na beleza, amabilidade, bondade de Deus; atos de benevolência, de confiança, de contrição, de ódio ao pecado. Tudo isto é amor ou inspirado pelo amor. Semelhante ocupação, prosseguida com calma, está ao alcance de todas as almas de boa vontade.

Mas há pessoas que, sobretudo no começo, têm necessidade de passar primeiro os seus atos de amor pela reflexão, por considerações prévias do espírito, lendo um trecho do Evangelho ou de algum livro de espiritualidade[4]. Convém

---

(4) Podem-se usar para isso livros com pontos que facilitem a meditação, como os de São Josemaria Escrivá: *Caminho*, *Sulco* e *Forja*; ou livros destinados à meditação, como a coleção *Falar com Deus*, de Francisco Fernandez-Carvajal, ou o volume *Intimidade divina*, do Pe. Gabriel de Santa Maria Madalena (Loyola, São Paulo, 2001); ou ainda clássicos de espiritualidade,

desviá-las disso? De maneira nenhuma. A senda da vida espiritual é bastante larga para dar passagem a todas as almas. Cada uma seguirá a que mais a atraía, guiada pelos conselhos de um bom diretor espiritual.

Esta é, em toda a sua simplicidade, a oração ordinária, que por vezes parte de uma leitura meditada, mas só a vê como meio para a única coisa indispensável: a união afetuosa com Deus.

As distrações não são um obstáculo. A vontade permanece sempre em Deus, a menos que a alma a afaste dEle por um ato positivo. Que importam as divagações do espírito, a impossibilidade de reunir as ideias, de dominar a imaginação, desde que não haja consentimento? Uma só coisa se requer para fazer oração: lançar o coração em Deus cada vez que se está a sós com Ele.

---

como por exemplo a *Imitação de Cristo* de Tomás à Kempis, ou as *Confissões* de Santo Agostinho, além de muitos outros (N. do T.).

Como é frutuosa semelhante oração! A alma une-se a Deus para amá-lo e para fazer este amor passar para todas as ações da vida. E o fruto desta oração nunca se limita à alegria que frequentemente a acompanha. Para gozar de Deus, temos a eternidade; aqui na terra, a boa vontade autêntica sempre se traduz no esforço por melhorar espiritualmente. Esta *resolução* pode não ser formulada de modo explícito em cada tempo de oração, mas há de ser sincera. A disposição contínua, o desejo ardente de progredir cada vez com mais rapidez na vida espiritual é a própria essência de toda a boa vontade.

Em todos os seus tempos de oração, a alma tem que cuidar de tornar fecunda esta resolução por uma *prece* humilde. Mas para isso não é necessário que multiplique essas preces, pois está num estado permanente de humilde e confiante súplica. A sua própria atitude é uma prece. Tem consciência de que por si só nada pode, de que Deus tem de lhe dar tudo, até a sua boa vontade; e sabe também que Deus nada mais deseja do que conceder-lhe todas as graças. Daí que se estabeleça nela uma espera tranquila, humildemente confiante no socorro de Deus. É a oração mais eficaz.

União afetuosa da vontade com a vontade de Deus, animada de tempos a tempos pela *reflexão*, estendida pela *resolução* até à ação, e fecundada pela *súplica* humilde: esta é a oração ordinária da alma que começa a tender para a perfeição. Este é o mecanismo, todo o segredo da oração.

Este colóquio cordial com Deus pode fazer-se de muitas maneiras, todas à escolha da própria alma, que aqui está no seu terreno. Na oração extraordinária, Deus impor-lhe-á a sua maneira, mas aqui ela é livre. Pode multiplicar os atos de amor, variá-los conforme quiser, exprimi-los com afetos e a meia voz, ou formulá-los simplesmente com as suas faculdades espirituais. Pode também fazer uma pausa na multiplicidade de atos explícitos e simplificar a sua ação, concentrando toda a sua energia em um olhar de amor calmamente sustentado e docemente dirigido para Deus.

Esta última maneira é a mais perfeita em si, mas não convém por igual a todas as naturezas. O espírito e o coração apresentam modalidades infinitas e Deus adapta a eles a sua graça e o seu atrativo. Mas se a alma se inclina para isso, deve simplificar a sua ação, fazer mais silêncio, escutar o Mestre e unir-se a Ele por um simples movimento da vontade. Assim se preparará melhor para receber de Jesus um convite a subir mais alto, para mais perto do seu coração.

Queira este bom Mestre não tardar a comunicar-lhe esta graça, se ainda não a recebeu!

A oração intermédia

Quando Jesus encontra uma alma bem disposta, prende-se a ela com uma espécie de predileção. Esclarece-lhe gradualmente todos os segredos do seu amor; fá-la subir até os cimos da oração.

Esta ascensão opera-se de modo quase sempre insensível. O Mestre respeita a nossa natureza, dispondo a nossa alma para a oração infusa. A transição da oração ativa para a oração infusa ou passiva é um dos mistérios da vida espiritual que desconcerta muitos diretores e desencaminha muitas almas. A vontade reta e boa passará por ela conduzida pela mão de Deus: *Estarei sempre contigo porque me tomaste pela mão* (Sl 72, 24).

Que é, pois, esta oração intermédia, chamada por São João da Cruz a «noite dos sentidos»? Que deve fazer a alma de boa vontade para corresponder aos desígnios de Deus?

Recordemos que Deus introduz a alma de boa vontade na oração extraordinária quando substitui o trabalho da inteligência e da vontade pela iniciativa dEle. A ação destas duas faculdades não é suprimida pela intervenção divina, mas apenas subordinada à de Deus. Na oração ordinária, a alma serve-se da graça de Deus para construir ela própria a sua vida espiritual. Na oração extraordinária, Deus serve-se das faculdades da alma para agir à sua vontade. Em vez de buscar as suas impressões em baixo, nos sentidos, a inteligência e a vontade passam a recebê-las do próprio Deus. E a sua inclinação para o sensível,

Deus a substituirá por uma disposição inteiramente espiritual.

A oração intermédia é a que faz essa nova disposição penetrar passo a passo na alma. Deus começa por fazer brilhar na alma uma discreta *luz infusa* acerca das suas divinas perfeições ou dos mistérios da vida de Nosso Senhor. Esta luz fraca faz surgir e nutre na alma uma *lembrança* de Deus confusa e geral. A alma que é assim favorecida sente-se acompanhada pelo pensamento de Deus.

Esta lembrança não lhe traz nenhuma luz particular, mas acende no coração um certo *desejo* vago, quase imperceptível, de prender-se somente a Deus. É algo persistente, doloroso, mas pouco determinado. Faz-se mais viva depois de qualquer falta ou depois de alguns dias passados de um modo distraído ou em alguma ocupação absorvente. A alma nota que deveria estar mais unida a Deus e não tem forças, não vê como chegar a tanto.

Do mesmo modo que a luz infundida na inteligência provoca um desejo persistente, ainda que vago, de pertencer por completo a Deus, assim, por sua vez, esta luz e este amor começam a *desapegar* a alma da sensibilidade. Pessoas e coisas queridas começam a aparecer-lhe como vazias e incapazes de satisfazer o coração. Atraentes no passado, não inspiram no presente mais do que indiferença ou mesmo aversão.

A ausência de sensibilidade produz, por sua vez, um outro fenômeno. A alma não consegue mais meditar; as suas orações tornam-se áridas e distraídas. Até então, as suas faculdades espirituais eram ajudadas pelos sentidos, que lhe inspiravam bons sentimentos; a inteligência tinha-lhe mostrado o seu objeto e a vontade tinha ativado a sua chama de amor. Agora, os sentidos já não prestam o seu concurso. Disto resulta uma supressão total e súbita de algo muito apreciado até esse momento: o consolo e o ânimo sensíveis.

Se um atrativo espiritual viesse ocupar o lugar dos atrativos sensíveis, a alma tomaria o seu partido, mas não é assim. A ação divina, comumente doce e suave, ainda é muito fraca para servir como único apoio da alma. Esta não encontra, pois, auxílio algum, nem no céu nem na terra. Daqui resulta um estado prolongado de aridez e falta de ânimo, uma espécie de torpor, de moleza involuntária e impotência, de sonolência espiritual na oração, que é para a alma um grande sofrimento: tem a impressão de que recua ao invés de avançar. Sem a palavra animadora do seu diretor espiritual, pode correr o risco de abandonar tudo.

Ainda há outros sintomas deste estado. Tornada mais sensível por essas dificuldades, a alma torna-se mais impressionável. O que antes lhe parecia indiferente, agora a atormenta. Por isso, é comum que se veja trabalhada por dúvidas penosas, fortes tentações, dificuldades exteriores, que a deixam mais dolorida que em outros momentos; às vezes, acrescentam-se ainda doenças e reveses da fortuna: é o próprio Deus quem se aproveita deste tempo de purificação para juntar a sua cruz às provações que afligem esta alma.

Que deve fazer quem se reconhece neste retrato? Se quer realmente avançar, a sua conduta é muito simples. O seu papel reduz-se aqui, como em toda a parte, em guardar intacta a sua boa vontade. Deve, pois, seguir o seu Deus resolutamente por um ato de amor, deixá-lo agir nela e enveredar sob a sua orientação por uma via obscura, mas temporária, que a conduzirá à plena luz.

Graças à sua liberdade, a alma sempre pode continuar a amar. Contentar-se-á com a visão geral e confusa que tem de Deus e fará, na medida das forças que consegue encontrar em si, o seu ato de amoroso abandono nas mãos divinas. Não buscará nenhum apoio no sensível e abandonará as leituras meditadas, que agora só lhe causam desgosto; e não se queixará das dificuldades que encontra para unir-se a Deus, mas agradecerá ao Senhor pela sua sede de união com Ele.

O ponto principal, porém, é este: a alma deve suportar com paciência os longos meses e, às vezes, anos de incomodidades interiores que este estado traz consigo. Deve deixar Deus agir nela, abster-se de perscrutar os seus impenetráveis desígnios e entregar-se a Ele em toda a ocasião, por um simples ato de amor. Qualquer outro modo de proceder só prolongaria o tempo da sua prova.

Amar a Deus por um simples movimento para Ele, lembrar-se dEle cada vez que o pensamento vá para Ele, esse é o dever da alma, essa é toda a sua ocupação. Quer o Mestre a experimente pela sua ausência prolongada, quer a lance por um labirinto de dificuldades exteriores inextricáveis, a alma pode dizer-lhe: *Bendirei o Senhor em todo o tempo; a minha boca celebrará sempre os seus louvores* (Sl 33, 2).

Bem-aventurada a alma que sabe contentar-se com amar sem gosto! O céu, a terra e o inferno poderiam unir-se contra ela, que ela ficaria inabalável. Pode dizer com São Paulo: *Estou persuadido de que nem a morte, nem a vida, nem os anjos, nem os principados, nem as coisas presentes, nem as futuras, nem o poder, nem a altura, nem a profundidade, nem qualquer outra criatura poderá separar--nos da caridade de Deus que está em Jesus Cristo Nosso Senhor* (Rm 8, 38-39).

Amar e sofrer, sofrer amando, essa é a sorte invejável destas almas. Por isso, boa vontade, atos de amor por toda a parte e sempre, nada fora disto: este deve ser o nosso programa. Cabe ao Senhor cuidar de tudo o mais. Amar a Deus, amá-lo com todas as nossas forças, amá-lo sem gozar, amá-lo no desgosto, na secura, na obscuridade, nas dúvidas, nos escrúpulos, nas tentações, nas sombrias visões do futuro, esse será o nosso quinhão enquanto o Senhor o quiser. Sabemos que Ele é bom, sabemos que nos ama, cremos no seu amor.

Amar-vos assim, meu bom Mestre, encanta-me. Para gozar de Vós, tenho uma eternidade, mas não tenho senão uma curta existência para vos fazer gozar do meu amor através do meu sofrimento e da minha imolação. Obtende da minha substância tudo que ela pode conter de glória para o vosso nome, consumi-a para que, morrendo, eu me torne todo amor.

A oração infusa

A alma que passa pela provação da noite dos sentidos pode chegar a imaginar, em algum momento, que tudo está perdido, que não recuperará nunca mais a doce presença de Deus. Mas, se o Deus da bondade demorar a entregar-se a ela sem reservas, dentro em pouco a prova passará e o Mestre apresentar-se-á e chamá-la-á. *«O Mestre está aqui e chama-te»* (Jo 11, 28). Este apelo é a oração infusa.

Nos começos, o caminho parece tornar-se mais obscuro aos olhos da razão e até da fé. O coração reto, porém, nada tem a temer: o próprio Mestre o ilumina e não o deixa desviar-se. A boa vontade possui a chave da ciência e a chave do abismo: todas as portas acabam por abrir-se e por permitir à alma penetrar até ao seio da Santíssima Trindade.

Que é a oração infusa ou passiva? É conhecimento e amor diretamente comunicados pelo próprio Deus. O Senhor derrama na inteligência uma viva luz e acende no coração um amor ardente. A alma sente muito bem que não poderia produzir por suas próprias forças, nem mesmo ajudada somente pela graça ordinária, estes doces transportes. Todos os esforços pessoais são impotentes para prolongar a ação divina por um instante que seja.

O conhecimento infuso não se obtém pelo raciocínio, mas por uma viva impressão. A alma sente Deus[5], toca-o, abraça-o, vê-se tomada por Ele, perde-se suavemente nEle. Este conhecimento não tem a claridade da luz da glória, permanece obscuro, pois ainda vivemos sobre a terra; mas infunde uma segurança absoluta.

Do mesmo modo, o amor infuso não é um gozo beatífico, mas uma preparação para a felicidade inefável. Umas vezes, é um antegozo das alegrias do céu; outras, lança a alma em estranhas torturas. O amor infuso na oração passiva pode, com efeito, ser acompanhado seja por doçuras e consolações inexprimíveis, seja

---

(5) Com a palavra "sentir" o autor não se refere, como é evidente, a um mero afeto superficial e caprichoso. Hoje, com a difusão do sentimentalismo, é comum ouvir pessoas quase sem vida cristã dizerem que "sentem" a presença de Deus; quase sempre, o que fazem é confundir alegrias momentâneas ou vagos estados de ânimo com a realidade da presença divina (N. do E.).

por grandes provas interiores. Deus, que santifica as almas como quer, gratifica-as muitas vezes sucessivamente com umas e outras. Ambas, no entanto, nascem do veemente amor que Deus deposita na alma e a que a alma corresponde. Nenhuma língua exprimirá jamais o que estas almas favorecidas podem experimentar de alegria íntima, de profunda felicidade.

Umas vezes, o amor é para elas um doce *repouso*, uma tranquila e suave posse de Deus, ou melhor, uma alegria inefável que deriva da ação da vontade sobre todas as faculdades e até sobre a parte sensível e corporal do homem. É uma alegria tão profunda, tão plena e superabundante, que o coração, não podendo contê-la, experimenta uma espécie de embriaguez espiritual.

Outras, o amor é um *fogo devorador*, um desejo veemente, uma aspiração ardente à comunhão com o Mestre, que ela quereria abraçar, com quem quereria identificar-se na unidade do amor. Às vezes, toma a forma de abandono filial, de confiança ilimitada em Deus. A alma tem consciência de que é filha de Deus e da Santíssima Virgem, vê-se no seio da Sagrada Família e isenta de toda a preocupação.

Às vezes, ainda, o amor é uma *força*. A alma sente-se dotada de tal energia que não teme os homens nem os demônios, e considera-se capaz de derrubar as barreiras que lhe fecham o caminho para o seu Deus.

À alegria, porém, sucede às vezes a tristeza: a consolação dá lugar à desolação, à desconfiança e mesmo ao desespero aparente. O Deus pelo qual a alma suspirava com tanta suavidade esconde-se subitamente, ou então mostra-se um Deus justo e vingador do pecado. O amor, até há pouco tão suave e tão doce, transforma-se bruscamente em movimento de temor, de quase desespero, de cólera, de tristeza acabrunhante e de uma sensação de aversão a Deus. A alma julga que peca por todos os seus atos, e é isto que leva a sua pena ao auge. Estes sofrimentos misteriosos constituem o que São João da Cruz chama a «noite do espírito». São a última purificação, o laço indissolúvel pelo qual Deus se prende definitivamente às almas, e são sempre passageiros.

Estas são, nas suas linhas essenciais, a natureza e os efeitos ordinários desta oração. Ao percorrer estas páginas, certas almas perguntarão a si mesmas, com medo, qual deve ser o seu proceder se um dia Deus as faz penetrar na oração infusa. A resposta é simples: que não temam! Aqui, mais do que em qualquer outra parte, a boa vontade supre tudo. Por acaso não tem esta oração o nome de passiva?

A única obrigação da alma é receber o dom de Deus, sob qualquer forma que se apresente, amar a Deus por meio do amor que Ele mesmo lhe infunde no coração, aceitar alegremente os espinhos como as flores e prestar-se tanto às dolorosas exigências de Deus como às suas mais afetuosas carícias. Assim, não terá mais nenhum movimento que não seja para Deus.

O que se deve fazer durante os períodos de doçuras da oração infusa é evitar apegar-se a nada que não seja o amor e deixar de examinar curiosamente a ação de Deus, a maneira pela qual o Senhor quer unir-se a ela. Os graus da oração não se medem senão pelo amor. Quanto mais intenso for o amor, mais a alma subirá para o seu Deus; porém, só Deus pode determinar em que grau ela está.

Cada alma de boa vontade é um campo onde Deus cultiva virtudes, faz desabrochar flores e amadurecer frutos de santidade. Ele próprio é o jardineiro. Às plantas cabe somente crescer e produzir uma bela e rica colheita. Se as almas quisessem ser dóceis à ação de Deus, chegariam todas a uma grande santidade.

Ó meu Deus, quero deixar-vos trabalhar a minha alma até ao extremo. A ressurreição virá com certeza! Quero andar sobre a terra por todo o tempo que julgardes bom, contentando-me com amar-vos até o dia em que quiserdes quebrar as paredes da minha estreita cela e dar-me asas para voar até Vós. Então, ágil como um pássaro, a minha alma erguer-se-á até à vossa divina Caridade e um mesmo fogo abrasará para sempre o Criador e a sua criatura.

Como o nosso destino é belo!: amar a Deus para sempre, amá-lo no céu, amá-lo na terra, amá-lo na alegria e na tristeza, na luz e nas trevas, amá-lo tanto no Calvário como no Tabor.

A PERFEIÇÃO PELA AÇÃO

O momento presente

Santificar-se é amar a Deus; é impregnar desse amor toda a vida; é fazer passar por todas as ações da existência, por menores que sejam, esse sopro sobrenatural, essa intenção reta que é o desejo de pertencer unicamente a Deus. Poderemos consegui-lo? Sem dúvida, e há muitas almas simples que alcançam cada dia esse sublime ideal. Que nos é necessário fazer para sermos do número dessas almas felizes?

A alma de boa vontade deve começar por simplificar a sua tarefa. Nunca é demais repetir: quase todos complicam sem necessidade o trabalho da perfeição. É necessário, pois, reduzir todo esse trabalho a um único ponto bem preciso, e esse ponto é *o momento presente*.

Não é de admirar que o desânimo invada as almas quando se veem diante de uma vida inteira que devem santificar, isto é, quando consideram em bloco a infinidade de ações e de pequenos sofrimentos que compõem a existência, quando abarcam com um só olhar o imenso campo coberto de espinheiros, de vícios que devem extirpar. Mas a santidade não está aí. A perfeição não é feita de abstrações globais e genéricas: é uma realidade bem concreta, que se nos oferece a todo o instante. Uma vida que santificar reduz-se ao momento presente que se oferece a Deus.

Quem nos dera compreender esta verdade, ao mesmo tempo tão simples e tão consoladora! Entre Deus e a alma de boa vontade, só há um ato: o ato de amor. Graças a ele, a alma une-se a Deus a cada instante. Cada parcela de tempo é como uma espécie sacramental que leva Deus à alma, é uma comunhão incessantemente renovada. Através dela, a alma entrega-se sem reserva alguma e Deus dá-se do mesmo modo. «É um fluxo e refluxo», diz Ruysbroek[1], «que faz transbordar a fonte de amor».

Por que preocuparmo-nos com o passado? Já não existe; escapou-nos para sempre. Por que perdermos o nosso tempo em queixas estéreis e imaginações vãs? Lancemos o passado com as nossas infidelidades no oceano da misericórdia divina. Deus esqueceu tudo, apagou tudo: *Tanto quanto o oriente dista do ocidente, assim Ele afasta de nós os nossos pecados.* [...] *Ele sabe de que estamos feitos* (Sl 102, 12-14). Resgatemos o tempo perdido por meio da fidelidade presente.

Por que também tanta preocupação com o futuro? Ainda não existe. Deus no-lo dará, no-lo destilará de algum modo gota a gota, e então o santificaremos. Como bom Pai que é, dar-nos-á no momento oportuno o que for necessário para a nossa perfeição. A nossa santidade é antes de tudo obra sua. Foi Ele quem traçou o plano

---

(1) Jan van Ruysbroek, *O ornamento das núpcias espirituais*, LIV.

e é Ele quem o executa em todos os seus pormenores.

A cada momento, o Senhor apresenta-nos um dever a cumprir. Do conjunto de todos os instantes bem empregados surgirá o magnífico edifício da nossa perfeição. Não vemos desta grande obra senão a nossa pequenina ocupação presente, mas o Mestre vê o conjunto e alegra-se antecipadamente com a beleza da sua obra.

«A nossa santidade faz-se pouco mais ou menos — diz o P. de Caussade[2] — como as esplêndidas tapeçarias, que são feitas ponto por ponto e pelo avesso. O operário que nisso se emprega não vê senão o seu ponto e a sua agulha, e todos os seus pontos feitos sucessivamente formam figuras magníficas que só aparecem quando, terminadas todas as partes, se expõe à vista o seu lado belo; mas, durante o tempo do trabalho, toda esta beleza e este encanto ficam na obscuridade».

---

(2) Jean-Pierre de Caussade, *Abandono à divina Providência*, II, IV, 3.

O momento presente contém para cada um de nós a santidade. Deus depositou nele um tesouro inestimável; se a alma o deixa escapar, esse tesouro está perdido para sempre. Repetimos: o que o dever presente contém para cada um de nós é nada menos que a santidade.

Deus varia esse dever para cada alma em particular. O momento presente de uma alma não é o mesmo que o de uma outra. O nosso Pai celeste ocupa-se em particular de cada um dos seus filhos. Entra em todas as minúcias da vida de cada um. A perfeição consiste, pois, em darmos a Deus o nosso momento presente.

Este é o grande segredo da vida interior: cuidar cada qual de si mesmo e não dos outros, prestar toda a atenção ao dever que lhe incumbe, e não ao que incumbe aos outros[3]! De que nos adianta conhecer

---

(3) Naturalmente, o autor não pretende dizer que devamos desinteressar-nos dos outros e deixar de viver a caridade; mas sim que não devemos fazer comparações, que podem ser fonte de desânimo ou de inveja (N. do E.).

as obrigações do próximo e verificar as suas faltas? «Vivamos sobre a terra como se só existíssemos Deus e nós», esta é a grande máxima dos Santos. Ocupemo-nos do próximo na medida em que o nosso dever o exija. Uma infinidade de almas boas tem fechado todo o acesso à santidade porque se dedicam a examinar a conduta dos outros e se descuidam de si próprios.

Se o nosso dever presente deve santificar-nos, não havemos de procurar a santidade fora dele; só Deus conhece o gênero e o grau da nossa perfeição. Não queiramos ir de porta em porta mendigar o alimento da nossa santidade. Somos filhos do Rei dos reis, que é infinitamente bom e generoso, e nos dá em abundância os meios de santidade. Cada momento presente no-los transmite.

Vivamos dia após dia no seio de Deus, sempre atentos a obedecer-lhe no momento presente. *«Basta a cada dia o seu cuidado»* (Mt 6, 34). O nosso Pai celeste sabe do que teremos necessidade amanhã. Contentemo-nos com pedir-lhe o nosso pão de hoje.

Simplificar o trabalho da perfeição, reduzir a vida ao momento presente, esta é a primeira tarefa da alma. Se se submete a ela, Deus a conduzirá pela mão através de todas as suas ocupações: *Tomaste-me pela mão e levaste-me pelo caminho da tua vontade* (Sal 72, 24). Apoiada nEle, essa alma dedicar-se-á com toda a tranquilidade à sua obrigação presente, acolhendo cada novo momento com reconhecimento — pois será Deus que lho entregará —, não lastimando nenhuma ocupação passada, não desejando nenhum atrativo futuro, senão aquele que o seu divino Pai lhe prepara.

É uma vida amável e serena. Enquanto puder e Deus lhe der a graça de fazê-lo, a alma não desviará o olhar do bom Mestre, sempre disposta a executar as suas ordens, mas nunca sob tensão e assoberbada. A sua vida já se assemelha à do Deus que traz em si mesma: «Senhor, estais sempre em ação — diz Santo Agostinho[4] — e sempre em repouso [...]. O vosso amor é sem paixão, o vosso zelo sem inquietação [...], a vossa cólera sem perturbação».

---

(4) *Confissões*, I, IV.

O corpo da ação

O momento presente encerra um dever a cumprir. Diante desse dever, a alma contrai uma dupla obrigação. Deve executar integralmente a tarefa prescrita, e deve fazê-lo com a intenção de amar a Deus cumprindo a sua divina vontade. Execução e intenção são os elementos de toda a obra: a primeira constitui a parte material: é a obra a executar; a segunda, a parte formal, o elemento vivo que anima a ação, que lhe dá o seu valor e o seu mérito. Neste capítulo trataremos do elemento material.

Por intermédio do momento presente, Deus prescreve à alma uma obrigação, isto é, uma coisa a fazer ou a omitir, um sofrimento a suportar. Manifesta-lhe, assim, quer a sua vontade significada, quer a sua vontade de beneplácito[5]. Em face desse dever, que deve fazer a alma de boa vontade?

---

(5) Sobre o tema da "vontade significada" ou "revelada" e da "vontade de beneplácito", ver Benedikt Baur, *A vida espiritual*, Quadrante, São Paulo, 2022 (N. do E.).

Deve esforçar-se por cumpri-lo integralmente, isto é, executá-lo com perfeição. Não lhe cabe examinar a importância desse dever, já que lhe é marcado por Deus; nesse momento preciso, não poderia realizar nenhuma outra ação com perfeição.

Além disso, deve abster-se de examinar a via pela qual lhe vem essa obrigação, por que intermediário lhe é imposta, sob que aparência se lhe apresenta, por que motivos lhe é exigida. Deter o espírito em tais considerações seria perder o tempo. O dever do momento presente é *mensageiro de Deus*, e é unicamente isso. Sob o véu de uma criatura qualquer, Deus dá-se a si mesmo à alma de boa vontade. Cabe-nos, pois, acolher com simplicidade o momento presente, executar integralmente o que prescreve ou omitir o que proíbe.

Na execução dessa obra, a boa vontade deve entregar-se *totalmente*. A alma recolhe todas as suas forças dispersas, reúne todas as suas energias unicamente para concentrá-las no dever presente. Cumpre-lhe, pois, prestar toda a atenção e empregar todos os recursos para executar bem as suas tarefas, para aperfeiçoá-las, isto é, para imprimir-lhes o cunho do remate, da perfeição.

Certas almas não conseguem sujeitar-se a concluir o que começam, a fazer bem até o fim o que empreendem. É sinal de irreflexão e de inconstância, de que não se concentram por completo no momento presente, de que são solicitadas pelo desejo imoderado daquilo que farão depois e que ainda não lhes pertence. Essas almas não alcançam a plena perfeição de vida.

A aplicação da alma ao dever tem de ser *contínua*. Cada instante traz uma nova obrigação. O dever espera-nos desde o primeiro instante do nosso despertar. Não temos o direito de gastar como nos apeteça um só segundo do tempo que nos é dado. Fazê-lo seria privar a Deus da glória que lhe dá a nossa fidelidade e da felicidade de unir-nos a Ele nesse momento. A nossa aplicação ao dever presente não pode, pois, sofrer interrupção. Cada gota de água caída sobre a pedra contribui com a sua pequena parte para furá-la; cada pincelada tem por fim dar à imagem a sua beleza definitiva; cada ato é destinado a refletir nas nossas almas a semelhança com Deus.

Se importa que a nossa atividade seja contínua, importa também que seja moderada, *contida*. Sem esta condição, não duraria. O poder de conter-se é indispensável a toda a vida verdadeiramente fecunda. «Nada se faz», diz Ollé-Laprune, «sem a força de se conter, de se reter, de se abster»[6]. Só age com acerto quem sabe moderar-se.

As nossas forças têm limites. A inteligência e a vontade são faculdades limitadas. A atenção não consegue manter-se sempre concentrada. Ora, Deus não pede dos seus filhos senão o que podem dar; contentemo-nos com o nosso dever presente. Façamo-lo com calma, tranquila mas energicamente. Não passemos da medida das nossas forças. A nossa tarefa quotidiana é a que é designada por Deus; querer torná-la mais pesada é ser temerário e tornar impossível o trabalho da perfeição.

---

(6) Léon Ollé-Laprune, *O preço da vida*, XXII.

Esta moderação é a qualidade mais preciosa e a menos apreciada de toda a atividade. Exclui a precipitação, que arruína inutilmente tantas saúdes; condena a multiplicidade, que dispersa as forças; e regula a intensidade, que deve garantir a sua duração. Cultivemos este domínio de nós mesmos: por ele, asseguraremos a constância na ação; avançaremos sempre com o mesmo passo, imperturbáveis, através de todas as dificuldades, acima de todos os obstáculos; e cumpriremos com a mesma simplicidade os deveres mais humildes e as ações mais brilhantes.

Mais ainda, esta moderação ajudar-nos-á a encontrar a cada passo o que há de mais precioso sobre a terra: a Cruz. Com efeito, que renúncia não é necessária para nos dominarmos sempre, para nos contentarmos apenas com o humilde dever presente e acompanharmos o passo de Deus! Esta moderação é uma renúncia contínua, uma morte em todos os instantes. Une-nos em cada momento ao divino Redentor padecente e à sua obra de santificação.

Assim cada ato, precisamente por estender-se ao pequeno e ao mortificante, dá-nos a vida, faz com que a comuniquemos às almas; cada ato, pela sua própria moderação, torna-se força de expansão. A força dos que se dominam vivifica-lhes a virtude. A sua morte aparente encobre a sua vida e fecundidade reais.

Toda a alma que queira entregar-se à ação de Deus nela tem de contentar-se com executá-la e, com este fim, moderar-se, restringir-se aos limites traçados por Deus; assim se tornará infalivelmente um poderoso instrumento de conversão e de salvação para os outros. Deus, que é caridade, deseja comunicar-se às almas e para isso só lhe faltam instrumentos dóceis, canais que transmitam integralmente aos outros as águas divinas, sem reter coisa alguma delas. Quando encontra uma alma assim disposta, faz dela um instrumento de redenção.

Não é somente entre os religiosos que Deus prepara para si semelhantes almas. Encontra-as ou forma-as em todas as classes da sociedade; inspira-lhes iniciativas nobres, empreendimentos generosos, às vezes audácias loucas; incita-as a realizá-las, a sacrificar-se sem reservas para executá-las, a esquecer a prudência humana para se apoiarem apenas na divina Sabedoria.

Uma alma dócil e santamente apaixonada pelo seu Deus não sabe ter repouso. Sente a necessidade de agir, de trabalhar, de fazer o bem em torno de si, porque a divina caridade é um fogo abrasador. Sente que tem uma missão a cumprir na terra, que deve difundir a verdade, acender no próximo as chamas do amor, comunicar aos pobres deserdados a superabundância dos bens de que ela própria goza.

Toda a vida plena tende a transbordar, a expandir-se; e que alma tem vida mais plena do que a que vive de Deus? Nada neste mundo pode deixar indiferente uma alma dessas. As ciências e as artes, o progresso intelectual, moral e mesmo material, interessam-na, porque tudo isso vem do seu Deus e para Ele conduz.

Nunca uma alma completamente abandonada à ação de Deus se achou sem campo na imensidade divina: jamais faltaram ao seu zelo almas que conquistar, cegos que esclarecer, infelizes que consolar. Quem era mais simples e mais inteiramente dependente de Deus que um Santo Afonso, um São Vicente de Paulo, uma Santa Teresa, um Santo Inácio, uma Santa Margarida Maria, e quem mais do que esses santos revelou Deus ao mundo, aliviou as misérias humanas, combateu as heresias e espalhou a divina caridade?

Almas de boa vontade, entregai-vos plenamente à ação divina em cada instante, segui-a passo a passo, não negligencieis nenhuma das suas ordens, nenhum dos seus conselhos, das suas inspirações, que vos chegam sem parar. Abandonai-vos a Deus e depois estendei as vossas asas, dai livre curso aos vossos generosos desígnios. Identificai-vos a cada instante com Jesus Cristo e, a seu exemplo, nEle e por Ele, fazei o bem, pronunciai com Ele o «*Tenho compaixão da multidão*» (Mc 8, 2); o «*Tenho sede!*» (Jo 19, 28), sede de conquistar as almas; o «*Vinde a mim todos!*» (Mt 11, 28), e correspondereis inteiramente aos planos de Jesus Cristo para vós. Como Ele, podereis dizer ao terminar a vossa carreira: «*Tudo está consumado!*» (Jo 19, 30); «*Levei a bom termo a obra que meu Pai me confiou*» (Jo 17, 4). E poder-se-á dizer de vós, como do Mestre: *Passou fazendo o bem* (At 10, 38).

A alma da ação

Aquele que simplificou a sua tarefa, reduzindo toda a sua vida à unidade do momento presente, é capaz de dar à ação presente toda a sua atenção e toda a sua energia. Mas isso não basta. Executar uma obra com toda a fidelidade, acabá-la integralmente, não é senão o elemento material da boa ação. Este elemento material deve ser vivificado, transformado, de algum modo edificado pela pureza de intenção.

Qual é esta intenção? O amor. Em cada uma das suas ações, a alma fiel quer testemunhar a Deus que o ama. Sabe, aliás, que nenhum ato tem verdadeiro valor senão em virtude desta divina caridade; que sem o amor a obra não é senão um corpo sem alma, um organismo sem vida. Esta intenção de amar a Deus, acompanhando a alma em cada uma das ocupações da sua vida quotidiana, pode revestir-se de muitas formas e exprimir-se em diversas fórmulas.

Amar a Deus é querer fazer a sua divina vontade (cf. Jo 9, 31), abandonar-se à sua ação, conformar-se com a ordem divina, viver na verdade (cf. 3 Jo 4). Amar a Deus é procurar a sua glória (cf. 1 Cor 10, 31), trabalhar por torná-lo conhecido, por estender o seu Reino (cf. Mt 6, 10). Amar a Deus é ser homem do dever, homem sobrenatural, é aspirar a dar prazer a Deus, a fazer com que esqueça as ingratidões dos homens. Amar a Deus é esforçar-se por imitar Jesus Cristo (cf. Rm 8, 29), por revestir-se da sua divina Pessoa (cf. Gl 3, 27), por unir-se mais intimamente ao seu Corpo Místico (cf. 1 Cor 12, 27), por dedicar-se à sua obra (cf. Jo 4, 34), por enraizar-se na sua caridade (cf. Ef 3, 17).

As fórmulas variam, o sentido permanece o mesmo: através de todas as suas ações, a alma ama o seu Deus, trabalha com o intuito de manifestar-lhe quanto lhe quer bem e de conformar-se com o seu divino beneplácito. Aqui está o segredo da santidade. Aqui tocamos a própria base do trabalho da perfeição. É aqui que se faz a separação entre as almas heroicas e as almas medíocres.

Umas e outras estão animadas de boa vontade, todas têm um certo número de atos iguais a executar cada dia. Mas, enquanto umas acumulam em poucos anos imensos tesouros e parecem voar para a santidade, outras avançam penosamente, arrastando-se pela estrada que conduz à perfeição. De onde vem a diferença?

As primeiras amam sem cessar; purificam sem interrupção a sua boa intenção; não perdem ocasião de lançar uma seta inflamada em direção ao coração de Jesus. As outras fazem maquinalmente o seu trabalho quotidiano, ficam na superfície da obra, contentam-se com executar a ação prescrita, mas a sua intenção é frouxa, não ultrapassa a criatura, não se eleva até Deus, não anima, não vivifica. Ter a intenção de amar a Deus em todas as ações do dia e tornar essa intenção cada vez mais pura e vivaz, não pelo esforço, mas por uma vigilância tranquila — esse deve ser o fim constante dos nossos esforços.

O ideal consistiria em manter o espírito e o coração fixados em Deus de maneira atual durante todas as ocupações. Normalmente, tal intenção é superior às nossas fracas forças. Não estamos no céu, e por isso não nos é pedido que alcancemos esse ideal; basta que tendamos para ele com um ardor generoso e tranquilo, conformando-nos com não perder Deus de vista o mais possível.

Convém saber que a nossa alma está realmente unida a Deus mesmo que não pense *atualmente* nEle. O ato pelo qual a alma se une a Deus e se propõe fazer tudo por seu amor é passageiro por natureza, mas a sua *virtude* subsiste intacta, a sua influência perdura e, graças a ela, a vontade permanece fixada em Deus no meio dos desvios da inteligência, das divagações da imaginação e do acúmulo de ocupações. Pela disposição habitual de fazer tudo por amor a Deus, reservamos para Ele a árvore mais bela: a nossa vontade, com todos os frutos que tem ou terá no futuro.

Não é menos verdade que a alma amante tende continuamente a dar-se a Deus de maneira *atual*, com tudo o que possui: quereria nunca perder de vista a Deus; aspira a penetrar nEle de maneira consciente a cada instante, a ficar fixada nEle, vivendo da sua vida, respirando de algum modo por Ele, dessedentando-se na fonte da divina Caridade, saciando-se do seu Deus, vivendo oculta em Deus com Cristo (Cl 3, 3).

É um desejo legítimo, que será plenamente satisfeito no céu, mas que só poderá ser parcialmente satisfeito neste mundo. O que importa é que, nesta terra, o amor de Deus anime todas as nossas ações; que em cada uma delas não nos busquemos a nós mesmos nem procuremos comprazer-nos em alguma criatura.

Mas então — talvez se diga —, é necessário vivermos aqui sem a alegria que proporcionam naturalmente as coisas criadas? Não; também isso seria uma caricatura da verdadeira santidade. Os santos não são seres insensíveis, que só olham a terra para amaldiçoá-la, que só se ocupam das criaturas para evitar o seu contato. Nada está mais aberto ao mundo que o coração de um santo. De algum modo, está inclinado sobre todas as criaturas para descobrir nelas o seu Deus ou trazê-lo a elas.

Quem foi mais ardentemente apaixonado pela natureza do que São Francisco de Assis? Quem a cantou mais vezes do que Guido Gazelle, o santo sacerdote de Flandres? Filhos de Deus, não somos reis da terra? Não temos aqui o gozo dos domínios do nosso Pai celeste? A terra inteira não pertence a Ele e, por conseguinte, a nós?

Quanto mais santos formos, mais poderemos também penetrar fundo em cada criatura, discernir a sua perfeição e beleza, e admirar o harmonioso conjunto de toda a criação. Tudo nos pode elevar para Deus: toda a alegria legítima pode ser desfrutada nEle e para Ele. O coração puro é capaz de gostar de tudo e de achar Deus em tudo. Sem dúvida, sentir-se-á inclinado muitas vezes a abster-se das alegrias mais inocentes, como Davi outrora não quis beber a água tirada da cisterna de Belém pelos soldados e a derramou diante do Senhor (cf. 2 Sam 23, 15-19); também não há dúvida de que Deus se compraz em pedir aos seus, pelas suas inspirações, o sacrifício de tal ou qual gosto, e a alma apressar-se-á, feliz, a obedecer. Mas essa não é a regra geral.

Na criação, Deus dispôs tudo em favor dos seus eleitos. Como poderia reservar somente para os seus inimigos as legitimas satisfações desta terra? O Senhor quer que os seus filhos o sirvam na alegria do seu coração: *Servi o Senhor com alegria* (Sl 99, 2), que as almas se dilatem pela confiança e pelo amor — *Alegrai-vos, mais uma vez vos digo, alegrai-vos* (Fl 4, 4) —, porque o coração dilatado voa no caminho para a santidade: *Correrei pelo caminho dos vossos mandamentos, porque dilatastes o meu coração* (Sl 118, 32).

A divina Caridade nada suprime e nada desdenha; contenta-se com animar todas as nossas ações, com elevar quer a nossa alegria quer as nossas forças, com santificar tanto os nossos gozos como as nossas privações. Tudo vem de Deus; o que a criatura não estragou não poderá ser mau nem contrário à santidade. O coração somente deve ser regrado, a intenção deve ser pura.

Mas, se todas as criaturas podem conduzir-nos a Deus, a verdade é que deter-se nelas é um mal. Devemos passar pelas criaturas, pela bondade, pela beleza, pelas verdades espalhadas sobre elas para ir diretos para Deus a fim de glorificá-lo e proclamar a sua grandeza e o seu amor. Toda a alegria, toda a satisfação, todo o ser que prenda o nosso coração terá de ser cortado sem piedade. Criatura alguma tem o direito de substituir Deus e de capturar o nosso coração, que não foi feito senão para Ele.

Assim, por um *«Corações ao alto»* contínuo, a alma passa por todos os acontecimentos, agradáveis ou penosos, sem se deter nas criaturas, acolhendo o que Deus lhe apresenta de doce ou de amargo por meio delas, sempre disponível, nunca presa; sempre serviçal, nunca escrava; sempre compassiva, nunca cativa.

«Se os corpos te alegram», dizia Santo Agostinho, «toma-os como objeto de louvor a Deus; volta o teu amor para o seu Autor, temeroso de que lhe desagrades detendo-te no que te agrada»[7]. E mais adiante:

---

(7) *Confissões*, IV.

«Se as almas te agradam, ama-as em Deus. Mutáveis em si mesmas, são fixas e imutáveis nEle»[8].

O tempo

Contentar-se com o dever presente, pôr nele toda a atenção e toda a energia para cumpri-lo perfeitamente, animá-lo pela intenção do amor divino, essa é a tarefa da alma que quer chegar à santidade. Cada instante assim utilizado a faz alcançar no momento exato toda a perfeição de que é capaz. Daí em diante, não lhe resta outro dever a cumprir senão o de continuar sem descanso, até o fim, o seu trabalho. É precisamente aqui, porém, que as almas desprevenidas encontram um grande perigo. Quase todas querem alcançar as virtudes que lhes faltam ao cabo de uns poucos anos de esforços. Se o resultado não corresponde às suas esperanças, desolam-se e correm o risco de abandonar tudo.

---

(8) *Confissões*, XII, XI.

Essas almas não têm em conta um elemento pouco apreciado, mas indispensável: o *tempo*. Deus sabe o número de anos que iremos passar sobre a terra; conhece também o grau de virtude que devemos adquirir. Deixemos em suas mãos o cuidado de nos santificar. Contentemo-nos com servi-lo no momento presente, com amá-lo ardente e apaixonadamente.

É certo que devemos pôr todo o nosso ardor nos nossos atos, enraizar-nos cada vez mais em Deus. Mas depois devemos abandonar-nos nas suas mãos. Ele é o nosso Pai e quer verdadeiramente encarregar-se dos interesses dos seus filhos. A menos que intervenha de modo particular, o trabalho da nossa santificação não se fará na medida dos nossos impacientes desejos.

A plenitude da existência cristã consiste em orientar toda a vida para Deus. São as faculdades, dispersas sobre as criaturas, que precisam ser reconduzidas para Ele. É a inclinação de todo o homem para o sensível que tem de ser transformada e mudada em uma tendência constante para Deus, que é puro Espírito. São os inumeráveis apegos secretos às criaturas e ao próprio eu que precisam ser rompidos um a um; é o domínio pacífico da vontade que deve ser alcançado sobre umas paixões incomodadas com o jugo. É, enfim, uma infinidade de ações quotidianas que precisam ser realizadas por puro amor de Deus. Semelhante metamorfose não se opera, via de regra, em dois ou três anos.

Nos momentos de fervor e de estreita união com Deus, a alma pode muito bem sentir-se toda dEle e considerar terminada a feliz transformação de todo o seu ser, mas a triste experiência faz com que volte bem cedo à realidade. Depois das suas ardentes orações, encontra-se novamente apegada às suas comodidades, frouxa e pusilânime. Indigna-se contra si mesma, desanima. Contudo, nada é mais natural do que o modo de proceder de Deus.

Mestre hábil na direção das almas, Deus sabe que por momentos elas têm necessidade de repouso durante a rude ascensão para o ideal, e fá-las experimentar, de tempos em tempos, a sua doce presença com um aumento de fervor. Mais tarde, haverá de tratá-las como almas perfeitas, fará com que se sentem à sua mesa e por fim as introduzirá definitivamente na sua intimidade. Mas enquanto não chegar esse momento, a alma deve, pois, ter paciência e confiança em Deus. O que não podem fazer o seu ardor e mesmo a sua fidelidade ao momento presente, o que Deus mesmo não quer fazer por um socorro especial, ela o obterá com o tempo e graças ao tempo. Deus assim o deseja: é com este fim que a deixa sobre a terra. O tempo, esse precioso auxiliar, haverá de conduzi-la infalivelmente à santidade, contanto que permaneça fiel ao dever presente. Devemos, pois, santificar-nos pouco mais ou menos como aprendemos a falar, escrever e ler.

Quantos milhões de atos foram precisos para alcançarmos esse resultado. Contai, se puderdes, os que se fazem lendo um livro: o ato de percepção visual de cada palavra, de cada frase; os atos correspondentes dos sentidos interiores para registrar e completar cada uma dessas percepções; em seguida, os atos necessários para formar cada noção, cada juízo, cada raciocínio; e os atos de memória, de comparação dos conceitos, de juízos e de ideias. Estendei este exemplo a todas as ocupações do dia, da semana, do ano, da vida, e chegareis a um conjunto de atos cujo número desafia todo o cálculo. No entanto, é graças a essa constante aplicação que o homem pode assimilar uma multidão de conhecimentos e levar a bom termo tarefas valiosas.

O mesmo acontece na vida espiritual. A vida da alma justa é um encadeamento de pequenos atos de virtude que ela multiplica sem perceber, graças à intenção virtual. Cada momento consagrado ao dever contém um novo mérito, um novo grau de amor de Deus. Agora imaginai, se puderdes, o que semelhante alma acumula de atos meritórios em um só dia, em um só ano, sobretudo se se esforça por dar à intenção toda a pureza, toda a intensidade. Ajuntai a isso a ação incessante da graça que trabalha essa alma, que a desapega das criaturas e dela própria, que a transforma, sem ela o saber, que a orna de virtudes, que lhe instila gota a gota a divina Caridade, que a enraíza sem cessar cada vez mais em Cristo, que a habilita a viver com Deus — e concordareis que a alma se acha na feliz impossibilidade de não atingir a santidade.

Estes progressos contínuos escapam habitualmente ao olhar da alma. A ação que a transforma é demasiado sutil para ser perceptível. Mas há momentos em que a alma nota que tal defeito, há tanto tempo combatido, desapareceu subitamente; que tal virtude, tão ardentemente desejada e pedida, foi conquistada; que as suas relações com o divino Mestre deram origem à mais franca intimidade; que as preocupações passadas já não exercem sobre ela a sua tirânica influência.

São indícios verdadeiros de lenta, mas segura transformação. Mesmo que não tenhamos provas palpáveis, sabemos que a santificação deve operar-se assim. Os atos incessantemente repetidos produzem nas nossas faculdades hábitos sempre mais poderosos, enraízam sempre mais profundamente em nós as virtudes infundidas com a divina Caridade.

Possam estas poucas considerações moderar o ardor das almas impacientes por chegar ao termo, e ensinar-lhes que nada de considerável se faz aqui na terra, mesmo na vida espiritual, sem o precioso concurso do tempo! Uma virtude demasiado precoce, raramente é sólida. Ao primeiro contato com as dificuldades reais da vida, quebra-se. É fruto amadurecido antes do tempo, e que muitas vezes é roído por um verme oculto.

Acompanhemos o passo de Deus e tenhamos paciência. Saibamos esperar o seu momento; chegaremos seguramente à santidade. Não nos inquietemos a respeito da parte que Deus reservou para si na obra da nossa perfeição. A nossa resume-se na fidelidade ao dever presente e no abandono ao Pai celeste: *Lança sobre o Senhor os teus cuidados, e ele te sustentará* (Sl 54, 23).

A PERFEIÇÃO PELO SOFRIMENTO

A cruz que se deve evitar

Sofrer é o quinhão de todos os homens aqui na terra; essa é a razão pela qual o Senhor fez da dor um excelente meio de santificação.

«Não há madeira como a da Cruz para acender na alma o fogo do amor», dizia Irmã Isabel da Trindade[1], e a experiência quotidiana atesta a verdade destas palavras. É, pois, importante saber de que modo a alma de boa vontade deve proceder em face das cruzes e dificuldades que eriçam o caminho que tem de percorrer.

---

(1) *Vida de Irmã Isabel da Trindade*.

Entre estas cruzes, há umas que deve afastar e outras que deve aceitar e mesmo desejar. No presente capítulo, tratamos das primeiras.

É muito louvável amar as cruzes, mas não é oportuno juncar delas o nosso caminho, se Deus não se encarrega deste cuidado ou, ao menos, não nos convida a fazê-lo mediante as suas inspirações. Temos já bastante trabalho com as cruzes que Ele próprio nos envia. Por que criar dificuldades novas, imaginar obstáculos lá onde o caminho para a santidade é plano?

O que faz gemer antes de tudo as almas boas é a sua inconstância na vida espiritual. «Hoje são todas de fogo, amanhã são todas de gelo». Hoje sentem-se seduzidas pela oração e pela vida de recolhimento; amanhã são incapazes de reunir dois pensamentos e de exprimir de coração um bom sentimento. Imaginam que a causa está na sua frouxidão, lamentam-se constantemente da sua infidelidade e ficam bem perto de desanimar e abandonar tudo.

Semelhante cruz não existe para uma alma um pouco mais instruída: e importa grandemente que todas o sejam. A vida é uma sucessão de impressões umas agradáveis, outras penosas. Mil coisas e, antes de tudo, o próprio corpo, a sua compleição, as suas indisposições, contribuem para variar o humor do homem, para obscurecer-lhe a inteligência e esfriar-lhe o coração.

As dificuldades para concentrar-se e orar, o abatimento físico e moral, a irascibilidade e tantos outros fenômenos da vida quotidiana não têm, na maior parte dos casos, outra origem. Será necessário afligir-se por isso? De modo algum; estas variações perpétuas não impedem em nada a ação da vontade; não tiram nada à sua sinceridade; somente suspendem a doçura da sua relação com Deus.

Em face destes obstáculos inerentes à nossa natureza humana, a alma deve limitar-se a lançar mão da sua boa vontade e levá-la a produzir os seus atos. Uma meditação feita no meio de um desgosto ou de uma certa secura interior é muito frutuosa e muitas vezes mais útil à reforma de vida do que uma oração cheia de doces transportes.

Habituemo-nos a aplicar à nossa vida espiritual os juízos que formulamos com facilidade a respeito da sucessão das estações e das variações da atmosfera. À chuva sucede-se o tempo bom, depois do inverno vem a primavera. Tudo varia sem cessar na natureza; o Criador assim o quis. As árvores frutíferas ficam durante longos meses sem folhas e como que privadas de vida; depois a seiva circula novamente nos galhos e estes cobrem-se de flores e de frutos.

A nossa alma também passa por invernos rigorosos; afronta muitas vezes a violência do vento e da tempestade; mas conta também com dias de calma e de tranquilidade, durante os quais fica exposta aos raios do divino Sol, que amadurece para o céu frutos saborosos. O segredo para nunca se perturbar é entregar-se em tudo à solicitude do soberano Mestre, não se imiscuir absolutamente no que é obra sua e permanecer intrépido e calmo, ao menos na vontade, no meio de todas as mudanças da parte sensível.

Em Deus nada muda; «nEle — dizia Santo Agostinho[2] — encontram-se as causas de tudo o que passa e as imutáveis origens de todas as coisas mutáveis, e as razões eternas e vivas de todas as coisas irracionais e temporais».

A alma possui sempre a sua boa vontade e, graças a ela, estende sempre em Deus raízes mais profundas. Se o compreendêssemos, que vida feliz e calma passaríamos aqui na terra!... Nada nos poderia perturbar. Agora, ao contrário, tudo nos alarma, e aumentamos nós mesmos sem cessar a nossa desgraça.

Quando, por exemplo, não achamos gosto na oração e a nossa alma parecer árida como o deserto, não digamos: «O Senhor afastou-se de mim, nunca serei admitido à sua intimidade, ofendi-o demais»; isso seria enganarmo-nos a nós mesmos e mergulhar no desespero.

Quase sempre a verdadeira causa é outra: simples fadiga, indisposição, numerosas

---

(2) *Confissões*, I, VI.

ocupações que paralisam a imaginação, esfriam o coração e absorvem o espírito. O mesmo acontece quando a oposição dos homens, os contratempos, os reveses, alteram o nosso bom humor e nos lançam na tristeza e no abatimento.

Tenhamos então paciência conosco próprios, adiemos para mais tarde decisões que correriam o risco de ser provocadas pelo fel da paixão, tomemos o repouso corporal necessário e deixemos dissiparem-se essas nuvens amontoadas no nosso horizonte. Depois de alguns dias o nosso céu serenará.

Assim tudo se simplifica na vida espiritual. O homem aprende a deixar de inquietar-se com as suas distrações, tentações, desalentos e os mil fenômenos que o assediam diariamente. Sabe que tudo isso, salvo algumas exceções, é obra de uma infinidade de agentes independentes da sua vontade. Tem consciência de que lhe basta unir-se a Deus pelo seu ato fundamental: o amor.

Agir assim é reduzir ao mínimo os obstáculos que tantas almas criam para si na vida espiritual e a que chamam cruzes.

O dever da alma é desviar-se delas no seu caminho. Não vêm diretamente nem de Deus nem do demônio, mas da ignorância e fragilidade da alma. Deus permite-as, o demônio serve-se delas, e é dever da alma suprimi-las pelo conhecimento exato do papel preponderante da boa vontade na vida espiritual.

A cruz que se deve aceitar

A vida da alma desejosa de seguir as indicações da vontade reta é a de uma abnegação contínua, como se terá percebido ao longo destas páginas. É necessário, aliás, que seja assim, porque o Mestre disse: «*Se alguém quiser vir após mim, renuncie a si mesmo, tome a sua cruz e siga-me*» (Mt 16, 24).

Como se deve tomar sobre si essa cruz de cada dia? De um modo simples, como tudo o mais na vida espiritual: pelo esquecimento próprio, pela despreocupação de si mesmo. Doravante, a alma deixa de ter interesses pessoais que salvaguardar. Já não vive para si mesma, vive só para o seu Mestre. A sua honra, a sua reputação e a sua própria pessoa deixam de ter qualquer importância.

Esta vida de esquecimento próprio é a base da espiritualidade. Contém o amor de Deus no seu grau mais eminente, que é o *«amor a Deus até ao desprezo de si mesmo»* de Santo Agostinho, e o *«sofrer e ser desprezado por amor a Vós»* de São João da Cruz, e o *«sofrer ou morrer»* de Santa Teresa. Aparecendo Jesus um dia a esta Santa, disse-lhe: «Teresa, daqui em diante, como convém a uma verdadeira esposa, não terás zelo senão pela minha honra»[3].

Em outra ocasião, disse-lhe o que repetiria tantas vezes às almas que a Ele se entregaram: «Pensa em mim e eu pensarei em ti. Quanto mais te esqueceres e esqueceres os teus interesses, mais tomarei a peito ocupar-me de ti».

Renunciar-se em geral, menosprezar-se em teoria não é coisa difícil; fazê-lo na prática é menos fácil. Na meditação, somos

---

(3) Ofício da Santa no *Breviário romano*.

inteiramente do Senhor; na ação, já o somos muito menos. Dizemos na oração que queremos suportar por Deus as contrariedades da vida quotidiana e mesmo os sofrimentos corporais. Mas vem a doença, e achamos mil pretextos para acolhê-la de má cara: se tenho de ficar de cama, como posso acabar tal trabalho, como posso atender a este compromisso, como posso levar para a frente a minha empresa?

É como se Deus, que quer a doença, não quisesse as circunstâncias em que ela sobrevém, as contrariedades que a acompanham e as consequências que traz consigo! Tudo isto é sutil amor próprio, satisfação disfarçada de si mesmo. A alma desejosa de chegar ao cimo da perfeição deve esquecer-se de si própria em quaisquer circunstâncias e abandonar-se a Deus. Pouco importa que estejamos ocupados em governar impérios ou em contar grãos de areia, contanto que, em uma como em outra dessas ações, façamos a divina vontade.

Não é absolutamente necessário à ordem geral do mundo que prestemos a Deus a colaboração e o resultado dos nossos trabalhos. Somos átomos imperceptíveis na imensidade de Deus. Se desaparecermos, nada se alterará na economia geral da Criação. Deus gosta, sem dúvida, de servir-se de nós para realizar a sua obra; mas, se prefere dispensar a nossa cooperação ou salvar as almas de outra maneira, podemos opor-nos a isso?

Ele não está obrigado a tomar em consideração a excelência dos nossos méritos, mesmo que sejam reais: «Qual o homem que, contando os seus méritos verdadeiros, faz outra coisa senão contar os vossos dons?», dizia Santo Agostinho[4]. Deus não tem o direito de ser servido como entende? Não pode extrair do nosso ser, pelo sofrimento, a parte que lhe quereríamos dar pela nossa ação?

Que fazemos, intrometendo-nos na obra de Deus? Quando, na sua eternidade, Ele traçava o caminho que percorreríamos no tempo para gozar eternamente da sua presença e companhia, por acaso pediu-nos

_____

(4) *Confissões*, IX, XIII.

conselho? Não conhecemos nem o gênero de santidade nem o grau de perfeição a que Deus nos destina, e teremos a pretensão de marcar as horas e as circunstâncias em que Ele poderá trabalhar a nossa alma?

A cada instante, Jesus imprime em nossas almas os seus próprios traços divinos, escreve nelas o seu Evangelho. Respeitemos esses traços divinos; não acrescentemos nada, não tiremos uma sílaba. Tudo aí é sagrado: o divino Redentor imprime em nossas almas a sua própria vida mística.

É coisa espantosa que tenhamos tanta dificuldade em submeter-nos à ação de Deus. Mas não passamos de uns pobres cegos. Ignoramos completamente os desígnios de Deus e as vias, infinitamente superiores à nossa inteligência, pelas quais Ele quer conduzir-nos ao nosso fim.

Que há de mais misterioso que a ação de Deus no governo dos povos e da sua Igreja? Quem nos explicará os seus desígnios sobre o povo judeu, depositário, no Antigo Testamento, da verdadeira fé? Que significado tem o tempo de escravidão que esse povo passou no Egito e a perseguição de que foi alvo? Que quer dizer esse peregrinar pelo deserto durante quarenta anos, essa sucessão ininterrupta de abundância e de penúria, de milagres e de abandono da parte de Deus?

E depois da Encarnação, a história da Igreja é por acaso mais clara aos nossos olhos? Três séculos de perseguições, heresias que nasceram em todas as épocas e arrastaram às vezes para o erro a maior parte dos fiéis, cismas perpetuamente renovados, povos sem número sepultados desde há séculos nas trevas do paganismo, a hostilidade ininterrupta dos poderes humanos, o triunfo do erro e do mal, a opressão em que vive o Vigário de Cristo! Deus não podia cercar a sua Igreja de glória e revesti-la de poder? Não podia fazê-la brilhar como o sol aos olhos de todas as nações, dissipar para sempre as trevas da idolatria, extinguir as heresias e submeter todos os poderes da terra ao magistério pontifício?

Poderia tê-lo feito, sem dúvida; mas na sua divina e insondável sabedoria não o quis. Não. A História da Igreja deve ser uma sucessão de derrotas aparentes, de alegrias e tristezas, de alarmes e tranquilidade, de grandeza e humilhação. Mas, por estas vias obscuras que desconcertam a nossa razão, Ele atinge, de um extremo ao outro do mundo e dos tempos, o fim que tem em vista. Dispõe tudo com suavidade infinita em favor das almas que criou.

E a Igreja produzirá para a bem-aventurança eterna eleitos sem número, quebrará para sempre com a sua aparente fraqueza o poder do mal, e nem uma só alma será esquecida, e nem uma só, desde o começo do mundo até o seu fim, será privada das ajudas e das luzes necessárias, nem uma só se perderá por culpa do divino Pastor.

Divina sabedoria! Os vossos caminhos são admiráveis. E o que fazeis no governo da Igreja e das nações, Vós o renovais sem cessar no trabalho da nossa santificação. A perfeição de uma só alma não vale mais aos vossos olhos do que a prosperidade material de todos os impérios? Trabalhais sem descanso para a nossa santidade, porém por uma ação misteriosa.

Quereríamos conhecer a maneira pela qual nos aperfeiçoais, mas Vós desejais que

101

fique escondida aos nossos olhos. Não nos chamastes claramente a um caminho de santidade quando nos concedestes a graça do batismo e nos fizestes os vossos filhos? Não concebestes para nós um ideal pessoal, ao dar-nos uma vocação — para o sacerdócio ou para a vida contemplativa, fora ou dentro do mundo, no meio dos afazeres diários? Que mais queremos saber?

Perdemos de vista que a Sabedoria divina se dignou ocupar-se de nós em particular no dia a dia, que nos apresenta a cada instante a sua vontade e que todo o nosso trabalho consiste em cumpri-la, em acolher o que ela pode encerrar de penoso e de mortificante.

Pois bem, minha alma, deixa doravante a Deus o cuidado de mostrar-te o caminho da santidade; contenta-te com avançar por ele vencendo todos os obstáculos, aceitando as trevas e a luz, a consolação e a desolação. Aprende a esquecer-te de ti mesma até ao extremo, deixa a ação de Deus substituir a tua atividade natural, renuncia a querer gozar ao teu gosto das comunicações de Deus; não tenhas preferência por nenhuma maneira de te santificares, não lamentes nenhuma luz passada, não desejes nenhum atrativo, exceto aquele que Deus te preparou desde toda a eternidade e que modifica para ti conforme as circunstâncias e segundo as tuas necessidades.

O teu papel aqui na terra deve limitar-se a amar a Deus e a esquecer-te de ti própria, a amá-lo sofrendo e a morrer amando-o, porque *sine dolore non vivitur in amore*, «sem a dor não se vive no amor», como diz a *Imitação de Cristo*[5]. É o segredo da santidade, é a fonte da paz e da alegria, é o privilégio dos verdadeiros filhos de Deus.

A cruz que se deve desejar

Quando Jesus possui inteiramente uma alma, quando lhe transforma os pensamentos e as afeições nos seus próprios pensamentos e afeições, quando substitui a sua vida pela dEle, infunde-lhe o seu amor à cruz, inspira-lhe no coração um

---

(5) Tomás de Kempis, *Imitação de Cristo*, III, V.

desejo insaciável de sofrer, de sacrificar-se, de tornar-se com Ele vítima do amor para resgatar as almas.

Por toda a parte, sob todos os céus, em todos os tempos, o divino Mestre reservou para si almas retas e puras, que mantêm na sua Igreja a chama do amor divino e a sede de entregar-se a Ele por completo. São almas de boa vontade que consentem em ir até ao fim da doação de si próprias a Deus. Cristo ama-as com amor de predileção, porque se deixaram fascinar pela *via dolorosa* dos seus sofrimentos.

Almas ardentes que procurais o Mestre, quereis encontrá-lo com segurança? Procurai-o na Cruz, porque é aí que está cravado; buscai-o no sofrimento, porque é aí que estabeleceu a sua morada. Já não vos basta aceitar o sofrimento, porque vedes que é necessário amá-lo; nem levar a vossa cruz, mas abraçá-la. É a última fase na ascensão para o cimo. E quem poderia recusar-se a transpô-la?

Como é gloriosa a parte destinada às almas que querem pertencer completamente a Cristo! O Redentor associa-as à sua grande obra; inicia-as nos desígnios de misericórdia que concebeu sobre o mundo; adquire nelas, por assim dizer, uma humanidade de acréscimo, na qual pode sofrer ainda mais; faz com que paguem o resgate das grandes graças que distribui pela terra.

«Não sou conhecido — disse um dia o Salvador a Maria Deluil Martiny, fundadora das filhas do Coração de Jesus —, não sou amado. Sou um tesouro que não é apreciado. Quero criar para mim almas que me compreendam. Sou uma torrente que quer transbordar e cujas águas já não é possível reter. Quero criar almas para mim, almas que recebam essas águas! Quero fazer taças para enchê-las com as águas do meu amor... Farei prodígios! Nada me deterá, nem os esforços de Satanás, nem a indignidade das almas. *Farei para mim vitimas com que pagar por estes prodígios!* Tenho sede de corações que me apreciem e que me façam realizar o fim pelo qual estou cravado no alto da Cruz, ultrajado, profanado. Antes que os tempos acabem, quero espalhar todas as graças que foram recusadas».

Que alma poderia ser insensível a ponto de resistir a este ardente apelo? Que coração poderia fechar-se a esta torrente que quer transbordar? Quem teria a triste coragem de não recolher com avidez todas as graças recusadas até aqui pelas almas? Quem não exclamará com São Paulo: *Glorio-me na cruz de Jesus Cristo!* (Gl 6, 14). *Com Cristo estou pregado à Cruz!* (Gl 2, 19). *Completo na minha carne o que falta à Paixão de Cristo pelo seu Corpo, que é a Igreja!* (Cl 1, 24).

Ser vítima de amor por Jesus Cristo não é a mais invejável sorte que pode caber a uma alma? É a identificação perfeita com o divino Crucificado. Ele é o nosso Chefe; nós somos os seus membros. Vive em nós como nós vivemos nEle. Somos como que um prolongamento do seu ser. Sofre em nós como sofremos nEle. Dá-nos os seus sofrimentos, e nós lhe damos os nossos; lega-nos a sua sorte, e nós lhe oferecemos a nossa; é Redentor, e nós o somos por nossa vez.

E não pensemos que este favor é reservado só aos sacerdotes. Ao lado deles, vejo uma multidão de outras almas, de fiéis correntes, revestidos do sacerdócio comum dos fiéis, dedicados ao amor de Jesus no meio das suas ocupações diárias. Nobre falange que o Senhor quis criar no seio da sociedade, por entre os afazeres da vida diária.

Todas estas almas formam a guarda de honra de Cristo. São a flor da Igreja. Não vivem para si mesmas, seguem o Mestre no caminho do Calvário, prontas a imolar-se com Ele e a ganhar-lhe almas pelo amor. Este amor profundo, este amor generoso, qual a alma que não o quereria adquirir? Quem não quereria ser uma vítima de amor?

Bem sei que, para chegar a estes cumes, é necessária uma virtude heroica, e esta não se adquire senão por uma longa fidelidade. É necessário habituar-se a fazer alegremente os mil sacrifícios quotidianos; é necessário aprender a morrer cada dia lentamente, humildemente, no íntimo do coração, antes de aspirar ao martírio; é necessário consentir em ver escapar gota a gota o sangue do coração, sob a pressão das dores, dos sacrifícios de toda a espécie.

Esta expectativa, porém, não assusta a alma corajosa: ao contrário, estimula a sua sede de imolação. Pode sem dúvida tremer à vista da Cruz; mas o divino Mestre, nas vésperas da sua Paixão, não permitiu que a tristeza, o temor e o desgosto invadissem a sua santa Alma? Com Ele nos estenderemos sobre a cruz, simples e heroicamente. À força de sentir o seu contato, também a nós nos parecerá doce e suave.

Atuai em nós, bom Mestre, conforme os vossos desígnios e permiti que sejamos vossos auxiliares, vossos associados, no trabalho da Redenção. Ensinai-nos a aceitar com simplicidade todas as cruzes, a entregar-nos à vossa ação e a esquecer-nos de nós mesmos para sempre. Ensinai-nos, enfim, a elevar-nos acima do próprio sofrimento, a dominar toda a alegria e toda a dor, para não pensarmos senão em Vós, para não repousarmos senão em Vós, para não esperarmos ser identificados senão convosco, para glória da Santíssima Trindade.

A ALMA DE BOA VONTADE CHEGADA À PERFEIÇÃO

A sua vida aos olhos dos homens

Nada é mais sublime do que a vida das almas entregues por completo a Deus; e, no entanto, nada é mais simples. Essas almas amam apaixonadamente o seu Deus e, por Ele, cumprem fielmente o dever do momento presente. O resto, abandonam-no à ação divina. O Mestre dirige-as conforme lhe apraz, e elas reconhecem sem esforço a sua voz.

Às vezes, convida a alma a entrar no seu interior; diz-lhe como a Zaqueu: *«Desce depressa, porque hoje devo hospedar-me em tua casa»* (Lc 19, 5): «Penetra bem no interior do teu coração, porque devemos passar este dia em intimidade». E a alma, cheia de alegria, apresta-se a obedecer e a acolher o divino Mestre no mais profundo de si mesma.

Outras vezes, ordena à alma que lance as suas redes: «*Lançai as vossas redes à direita*» (Jo 21, 6), isto é: «Vem comigo à pesca das almas, abandona o tranquilo repouso da contemplação, assume com abnegação os duros trabalhos do apostolado».

Em outras ocasiões ainda, diz ao coração: «*Levantai-vos, vamos*» (Mt 26, 46): «Levanta-te e vamos juntos ao jardim de Getsêmani, ao encontro do sofrimento». E a alma segue docilmente o Mestre. Limita-se a amá-lo na oração, na ação e no sofrimento. Tudo lhe é indiferente, contanto que compraza Jesus.

De ordinário, os tesouros de graça que estas almas acumulam sem cessar ficam ocultos aos olhos do mundo: *O homem natural não compreende o que é do espírito de Deus* (1 Cor 2, 14). Aliás, a vida exterior dessas almas não apresenta nada de extraordinário.

Cumprem com simplicidade o seu dever quotidiano, não se submetem a múltiplos exercícios de piedade, não adotam nenhum gênero de vida singular, não se apegam a nenhuma prática particular, a nenhum método determinado. O seu método consiste em amar a Deus e em abandonar-se à sua ação. No seu proceder exterior, tudo respira simplicidade. São cordiais, afáveis, sempre prontas a prestar um serviço, mas nunca escravas. Ao contrário, querem ficar livres e desapegadas de toda a criatura. Prestam-se a tudo e a todos, mas nunca se escravizam, porque pertencem só a Deus.

No entanto, colocam-se aos seus olhos abaixo de todos os homens, porque são a morada do Altíssimo, e, à sua luz, veem as suas próprias misérias: «Como estás no alto, Senhor, e no entanto os corações humildes são a tua morada»[1].

Mesmo no seu zelo pela salvação dos pecadores, não há nada que não contribua para conservar estas almas na obscuridade. Entregam-se com simplicidade à ação que Deus lhes apresenta, executam fielmente os

---

(1) Santo Agostinho, *Confissões*, XI, XXXI.

trabalhos que os seus superiores ou as circunstâncias exteriores lhes impõem, aproveitam com um cuidado zeloso as mínimas ocasiões que a Providência lhes oferece para fazer o bem. Mas não concedem nada à atividade desordenada, às vezes turbulenta, que gosta de se dissimular sob o falso nome de zelo. A sua força é o amor ardente que dedicam interiormente a Deus.

Estas almas de nenhuma aparência exterior, aplicadas com simplicidade ao seu dever quotidiano, tornam-se maravilhosos instrumentos de santificação para os outros. São um invisível centro de atração. Muitas vezes, elas mesmas o ignoram e, como também o ignoram aqueles aos quais beneficiam. Uma vez que o Reino de Deus nos corações é espiritual, Deus serve-se das almas humildes, inteiramente consumidas no seu amor, para edificá-lo.

É frequente as pessoas se admirarem das mudanças súbitas que se manifestam no decurso dos séculos em favor do catolicismo; não se sabe a que atribuir este perpétuo vigor da Igreja, perseguida em todas as épocas pelos poderes humanos, mutilada pelas heresias, dilacerada pelos seus próprios filhos. A verdadeira razão está em que ela conta no seu seio com almas que vivem só para o seu Deus, que, ao mesmo tempo que detêm o seu braço vingador, são como braseiros sempre ardentes cujas centelhas propagam o fogo do amor divino a grande distância.

Quantas maravilhas nos seria dado contemplar se o mundo sobrenatural se desvendasse de repente aos nossos olhos! Quantas disposições admiráveis da divina Providência! Que laços maravilhosos criados pelo próprio Deus entre as diferentes almas! Que influência enorme concedida por Ele às almas humildes que o amam e se esquecem de si!

E que há nisto de extraordinário? A alma que chega ao estado de união com o seu Deus é consumida pelo zelo da glória divina. Com o Apóstolo São Paulo, abrasa-se no desejo de espalhar o bem e de fazer cessar as devastações do mal: *Quem se escandaliza que eu não me abrase?* (2 Cor 2, 29). Quem nos revelará as secretas angústias de um coração devorado pelo zelo, em face da impiedade sempre crescente? Quantas apostasias! Quanta indiferença! Quantas seduções e escândalos! E quantas quedas! Que dor para a alma amante!

Deus, porém, vê o martírio intimo dessas almas e, em atenção aos seus sofrimentos, salva pecadores aos milhares e estabelece para isso meios sem número escondidos aos olhos dos homens, mas que alcançam infalivelmente o seu fim. Da morte ignominiosa de Cristo sobre a cruz, Ele fez brotar a ressurreição espiritual do pecador. Essas almas tornaram-se a imagem viva do seu divino Filho imolado por amor dos homens, e do qual disse: *Se der a vida pelos pecadores, contará uma descendência numerosa* (Is 53, 10).

Assim prossegue a humilde mas fecunda existência destas almas de elite. Escondidas aos olhos do mundo, muitas vezes por causa da sua aparente inutilidade, pequenas aos seus próprios olhos, são o sustentáculo da Igreja e a consolação do divino Mestre, tão pouco conhecido, tão pouco amado sobre a terra. Poucos homens, mesmo entre aqueles que se consideram espirituais, sabem apreciá-las; não são compreendidas senão pelos que vivem nos mesmos cumes ou nas mesmas profundezas.

Há todavia um traço que surpreende e que poderia desvendar aos espíritos atentos o segredo destas vidas admiráveis. Este traço é a perfeita e constante serenidade de que gozam estas almas. São imperturbáveis. *Comparável ao sol* — diz o Espírito Santo —, *o justo percorre cada dia de maneira uniforme a rota que Deus lhe traçou* (Eclo 27, 12).

A alma perfeita participa da imutabilidade de Deus, no qual fixou a sua morada. «Em Vós está a paz profunda e a vida inalterável. Aquele que entra em Vós entra na alegria do seu Senhor. Livre de todo o temor, instalar-se-á soberanamente bem no Bem soberano», diz Santo Agostinho[2].

Habitando em Deus seu Criador, a alma torna-se independente de toda a criatura, está isenta da tirania das suas paixões, paira como a águia acima das mesquinhezes

---

(2) *Confissões*, II, X.

da vida da terra, fixou a sua morada nas alturas divinas onde as nuvens das preocupações humanas já não a podem atingir, onde o divino Sol já não lhe esconde a sua luz brilhante e o seu calor fecundo. O que poderia temer ainda, ela que tem por Amigo o Rei (cf. Pr 22, 11), que é convidada por Ele cada dia à sua mesa (cf. Est 5, 8), que pode chegar livremente até Ele (cf. Est 5, 2), que sente transbordar do seu coração a torrente de paz e de felicidade com que Ele a inunda (cf. Sl 35, 9)?

A vida em Deus

Senhor, como sois bom para a alma que se entregou a Vós sem reservas! A vossa ternura para com ela é incomensurável; é profunda como o amor. Progressivamente tomastes posse desse coração e agora ele tornou-se prisioneiro do vosso amor.

A vida da alma toda possuída pelo bom Mestre é imensamente feliz. Haverá maneira mais divina de fazer sentir que Ele está nela e que ela é toda dEle? Doravante, parece não haver mais nenhum véu entre Jesus e a alma. Ela fala-lhe e escuta-o; vive junto dEle, no seu Coração, na sua Alma. É uma visão antecipada do céu, à espera do «face a face». É o céu já na terra... E cada dia o horizonte se dilata, cada dia se torna mais belo e mais luminoso, porque o horizonte é Ele.

Durante as horas de oração, a alma repousa longa e suavemente o seu olhar no olhar do Mestre. Lê nos olhos divinos o amor imenso, o *grandíssimo amor* (cf. Ef 2, 4) que Ele lhe tem. Este olhar divino tão puro e tão terno penetra-a, envolve-a toda, fascina-a, de modo sempre mais ardente. Por sua vez, o olhar simples e cândido da alma cativa Jesus, que se deixa prender e se dá sem reservas.

Então a alma entra em silêncios profundos. Já não fala; escuta o Mestre e deixa-se invadir pela sua divina ação, purificar-se sob o seu olhar, transformar-se ao seu contato. Ele cava-lhe no íntimo abismos que só Ele pode preencher, infunde-lhe no coração uma sede devoradora, sede de amor e de imolação; ela quereria amá-lo, amá-lo até morrer de amor. Estas visitas do divino

Mestre renovam-se frequentemente, pois Ele parece ter tanto ou mais necessidade de intimidade que a alma.

Outrora, quando os judeus de Jerusalém lhe fechavam a porta de seus corações, o Senhor retirava-se, muito triste para Betânia, para a casa de Marta e Maria, e o acolhimento amistoso e íntimo das duas irmãs recompensava-o. Agora continua a bater muitas vezes à porta dos seus amigos, porque lá fora não encontra quem lhe abra; e a alma sente-se assim chamada pelo Mestre, quer durante a oração, quer durante o trabalho. Conhece bem a sua voz e obedece imediatamente; abre-lhe com toda a franqueza a sua intimidade para que Ele tenha uns momentos de descanso. Então Ele fala-lhe, sempre de amor, de reparação, de doação recíproca. Faz-lhe as suas divinas confidências, conta-lhe os seus projetos e as suas decepções...

O tema desses colóquios é sempre o mesmo: o amor!, um abismo sem fundo de amor..., que deixa entrever cada dia profundidades novas. A alma, porém, conhece o seu Mestre, nada teme e de nada se admira.

Segue a Deus por toda a parte: nEle, tudo a encanta, e ela não tem senão que amar e deixar-se amar.

Mas quanto mais a alma se entrega, mais Ele pede; exige tudo. Aliás, como recusar-lhe? Nem mais um olhar, nem mais uma respiração que não seja para Ele. Ele pede que a alma realize com Ele e por Ele todas as ações. Quer que a alma desperte pela manhã no amor, que depois trabalhe no amor e se recreie no amor. É uma comunhão contínua que Ele lhe pede, colocando-lhe na alma uma necessidade de amar que só Ele pode saciar, uma sede infinita que só Ele pode estancar.

E não somente a envolve no seu amor, como também a associa à sua vida e à sua obra. Como esposa que agora é, a alma nada deve ignorar do que lhe diz respeito, nem ficar alheia a nenhum dos seus projetos. Trabalha com Ele na santificação do mundo; cada dia imola-se com Ele; abandona-lhe todo o seu ser e torna-se para Ele como que um prolongamento da sua própria existência na terra. Identifica-se com os seus pensamentos e inspirações, com todos os seus movimentos, para ir em seguida, com Ele, à ação e ao sofrimento, para cumprir com Ele a vontade do Pai.

Assim vive a alma perfeita: mais no seu Mestre do que em si mesma. Sem dúvida, durante as suas ocupações, o seu pensamento não pode estar sempre fixado nEle, mas o seu coração vela. Mal se vê livre, sente-se invadida pelo amor, mergulha em Deus, encerra-se no céu da sua alma. Sem dúvida ainda nota fraquezas, infidelidades. Mas Jesus é a sua pureza. O permanente contato com Ele apaga-lhe todas as manchas, pois Ele gosta tanto de perdoar e de guiar a alma para a santidade!

A não ser a própria alma, ninguém sabe em que abismos ela habita. Sente-se objeto de um amor inexprimível. Tem consciência de que todos os tesouros do Mestre lhe pertencem, de que se pode servir deles e comunicá-los às almas. É infinitamente rica. Não está transformada em Cristo, enraizada nEle? Torna-se capaz de encarnar o consolador mistério da doação divina.

Assim se abrem diante dos seus olhos horizontes ilimitados. Inundam-na alegrias desconhecidas, profundas como Deus. É o retorno à pura felicidade do paraíso terrestre, é a aurora da visão do céu. A alma tornou a encontrar o seu Pai, com todas as ternuras que sabia haver nEle, mas que jamais havia experimentado. Ele tem para com ela delicadezas infinitas... Acolhe-a com alegria, infunde-lhe no coração uma segurança toda nova, uma confiança inabalável. E ela já nada mais teme, pois está sempre entre os braços de seu Pai. Ninguém virá arrancá-la daí.

A alma admira-se de sentir-se tão perto desse grande Javé, desse Rei imortal dos séculos, desse Ser infinito que enche a eternidade. Adora-o com imenso respeito, mas também o abraça. Parece-lhe que Ele pertence unicamente a ela e só tem por ocupação cuidar dela, tanto é o amor que lhe demonstra.

Estreitando-a contra o peito, Deus recorda-lhe o seu passado, as graças com que a favoreceu, as infidelidades das quais se tornou culpada. É como uma luz súbita que ilumina tudo num momento. A alma fica estupefacta, mas depois agarra-se mais forte e prolongadamente a Ele, para fazê-lo esquecer os seus desvios passados e para dar-lhe graças.

São os bem-aventurados momentos em que a alma, voltada para o seu Centro, aí se fixa sem retroceder, sem se afastar mais da casa do Pai. Tudo aí a encanta. Sente-se no seu verdadeiro lugar, sabe-se filho na Família divina. Parece-lhe que sempre aí viveu, tanto essa vida lhe parece natural. Tudo o que aí vê desperta nela recordações longínquas. Exilada, longe do teto paterno, tinha sonhado tantas vezes com a casa do Pai!

Agora acha-se transportada para aí com Jesus, seu divino Irmão, amada nEle pelo seu divino Pai, amando também o seu Deus com ternura nesse mesmo Jesus, que não a deixa mais, que quer repartir com ela a sua felicidade. Afunda-se nesse abismo que é o próprio Deus, e o Espírito de amor abre nela capacidades inéditas, envolve-a cada vez mais. É necessário que ela ame, e Ele não lhe fala senão de amor, de entrega e de eternidade.

Até esse momento, a função do Espírito Santo na sua vida espiritual aparecia-lhe como que velada, talvez mesmo como secundária. Agora os seus olhos estão abertos à luz. Vê que é Ele quem faz tudo e deixa-se guiar por esse Amor; confia-lhe a sua vida espiritual e contenta-se com amar.

É por Ele — o Espírito do Pai e do Filho — que ama um e outro e que é amada. Esse Amor penetra tudo, é o laço infinitamente suave entre o Pai e o Filho, entre a alma e Jesus. A sua divina chama abrasa tudo, unifica tudo. A alma funde-se cada vez mais ao seu contato, purifica-se e diviniza-se.

Mas há outras maravilhas que envolvem a alma, mais humanas, mais adaptadas à sua natureza, mas não menos inebriantes. Numa família, a felicidade não é completa se a mãe está ausente. Na casa do Pai celeste, a alma busca por instinto a sua Mãe, a Imaculada. Estava habituada a chamá-la Mãe; mas agora, de repente, esse nome reveste-se de encantos inconcebíveis, abre perspectivas encantadoras. É um nome que encerra abismos de ternura e de devotamento.

A alma sente a Mãe de Cristo inclinada sobre ela, cobrindo-a com a sua solicitude. Aparece-lhe na sua alvura imaculada como um ser todo mergulhado na luz, todo transformado no seio da Divindade. E essa Virgem toda bela, toda luminosa, é também a sua Mãe. A alma sente-se enlaçada pelos seus braços maternais e estreitada contra o seu coração virginal, e nessa longa união juntam-se toda a ternura da mãe e toda a afeição do filho. É uma felicidade inefável. É a doação recíproca e definitiva da Mãe ao filho e do filho à Mãe, suavemente experimentada pela alma. É uma alegria reservada à alma perfeita.

Daí em diante, deixa de haver distância ou segredo entre a alma e a sua Mãe. O filho participa de todas as alegrias e de todas as dores da Mãe; e Ela, a Mãe incomparável, encarrega-se de acudir a todas as necessidades do filho, de o consolar em todas as tristezas, de animá-lo em todos os desânimos, de obter-lhe todas as graças. Que será para nós a nossa Mãe no Céu, se já na terra nos unem a Ela laços tão profundos?

E à medida que o filho vive mais na intimidade da Virgem Imaculada, descobre nEla belezas mais encantadoras. A alma não se cansa de admirar a Imaculada, de se aproximar cada vez mais dEla e de repetir-lhe: «És minha Mãe, como o és de Jesus. Ambos temos a mesma Mãe, como ambos temos o mesmo Pai».

Assim vive a alma perfeita na casa do Pai celeste. Tudo lhe fala de amor, tudo a mergulha no amor. Os Santos e os Anjos do céu são seus irmãos, e ela convive com eles. Celebra as suas festas, pede-lhes que se lembrem dela junto da Mãe e do Pai comum. Liga-se por uma tocante afeição ao seu Anjo da Guarda, a quem trata como amigo e irmão, e com ele rivaliza no zelo por amar a Deus.

Sente compaixão sem limites pelas almas do purgatório e pelos pecadores, filhos separados ou extraviados da casa paterna. Ama todas as almas justas, gosta de entreter-se com elas sobre as alegrias da Pátria, sobre as maravilhas do Amor.

As grandes provas, as longas ausências de Deus passaram. A alma está estabelecida no seu Deus. Cada respiração, cada movimento a aproxima do termo, e ela canta: *Alegro-me com o que foi dito: iremos à casa do Senhor* (Sl 121, 1).

Possa este momento não estar longe, possa realizar-se em breve para nós a súplica que Jesus fez antes de morrer: *«Que eles sejam consumados na unidade»* (Jo 17, 23), na unidade do Amor! Amém.

Direção geral
Renata Ferlin Sugai

Direção editorial
Hugo Langone

Produção editorial
Juliana Amato
Ronaldo Vasconcelos
Daniel Araújo

Capa
Provazi Design

Diagramação
Sérgio Ramalho

ESTE LIVRO ACABOU DE SE IMPRIMIR
A 25 DE FEVEREIRO DE 2025,
EM PAPEL OFFSET 75 g/m².